Lucius Burckhardt

# Der kleinstmögliche Eingriff

oder die Rückführung der Planung auf das Planbare

Herausgegeben von
Markus Ritter und Martin Schmitz



Martin Schmitz Verlag

Bibliografische Information Der Deutschen Bibliothek

Die Deutsche Bibliothek verzeichnet diese Publikation in der Nationalbibliografie; detaillierte bibliografische Daten sind im Internet über https://portal.dnb.de/ abrufbar.

ISBN 978-3-927795-66-2

2. Auflage 2022

Typografie: Sybille Fuchs Grafik
Coverfoto: Annemarie Burckhardt
Druck: Thiele & Schwarz | Kassel

# Inhalt

## Vorbemerkung der Herausgeber

Lucius Burckhardt hat dieses Buch bereits in den Jahren 1979 bis 1981 geschrieben. Das Manuskript befindet sich im Nachlass von Annemarie und Lucius Burckhardt in der Universitätsbibliothek in Basel. Es ist nach „Die Reise ins Risorgimento" von 1959 der zweite durchgeschriebene Text, in dem er sich einem einzigen Thema widmet, dem kleinstmöglichen Eingriff, dem kleinsten Eingriff oder auch l'intervento minimo.

Lucius Burckhardt veröffentlichte Bücher wie „achtung: die schweiz" oder „Bauen ein Prozess" gerne in Kooperation mit anderen Autoren wie Walter Förderer, Max Frisch oder Markus Kutter. Der größte Teil seiner publizistischen Tätigkeit als Solist findet sich allerdings weitverstreut in völlig unterschiedlichen Zeitungen, Zeitschriften, Anthologien, Kunstkatalogen oder Jahrbüchern. So erreichte er sein Publikum in völlig verschiedenen Bereichen. Erst 1985 erschien anläßlich seines 60. Geburtstages eine erste Textsammlung dieser „verstreuten" Texte unter dem Titel „Die Kinder fressen ihre Revolution".

Warum wurde das Manuskript „Der kleinstmögliche Eingriff" nie gedruckt? Wir vermuten, dass sich die Idee und die Vorbereitungen zu „Die Kinder fressen ihre Revolution" mit dem geplanten Buch über den minimalen Eingriff überkreuzt haben. Hinzu kommt, dass Lucius Burckhardt zur gleichen Zeit eine eigene Wissenschaft entwickelte und unter diesem Dach seine gesamte Forschung ab den 1950er Jahren versammelt: die Spaziergangswissenschaft, Promenadologie oder englisch auch Strollology. Die Idee vom kleinstmöglichen Eingriff wird zu einem Kapitel in seinem Werk, das mit diesem Band zugänglich gemacht werden soll.

Der französische Landschafter Bernard Lassus und Lucius Burckhardt veranstalteten vom 10. bis 12. September 1981 das Seminar „L'intervento minimo" in Gibellina-Nuova im Erdbebental des Belice in Sizilien. Der Ort hätte nicht besser gewählt sein können. An den wiederaufgebauten Städten des Belice ließen sich die Planungsfehler des maximalen Eingriffs ablesen. Für das Städtchen Partanna hatten die Planer einen Autobahnanschluss vorgesehen, dessen Grundfläche allein schon ein Drittel der Stadt einnimmt. Im letzten Kapitel des hinterlassenen Manuskriptes fasst Lucius Burckhardt die Erkenntnisse dieser Veranstaltung zusammen. Wir haben dem Manuskript noch zwei später entstandene Texte zum minimalen Eingriff hinzugefügt.

Künstler wie Joseph Beuys, James Lee Byars, Ian Hamilton Finlay, Paul-Armand Gette und insbesondere die Auseinandersetzung mit Bernard Lassus, den Lucius Burckhardt 1984 als Gastprofessor nach Kassel einlud, haben die Idee des minimalen Eingriffs inspiriert. „Un air rosé" nannte Lassus sein Experiment mit der Tulpe, in deren Blütenkelch ein weißer Papierstreifen gehalten wird, der zeigt, dass die Luft rot leuchtet – ohne etwas physisch zu verändern. Die Theorie des kleinsten Eingriffs bedeutet, nicht mit gewaltigen Mitteln in die bestehende Landschaft einzugreifen, sondern auf das Landschaftsbild in unseren Köpfen einzuwirken. Und der allerkleinste Eingriff? Nach Lucius Burckhardt die Bauverhinderung, – das bedeutet aber nicht, dass man nichts tut.

*Der maximale Eingriff, Partanna, Sizilien.*

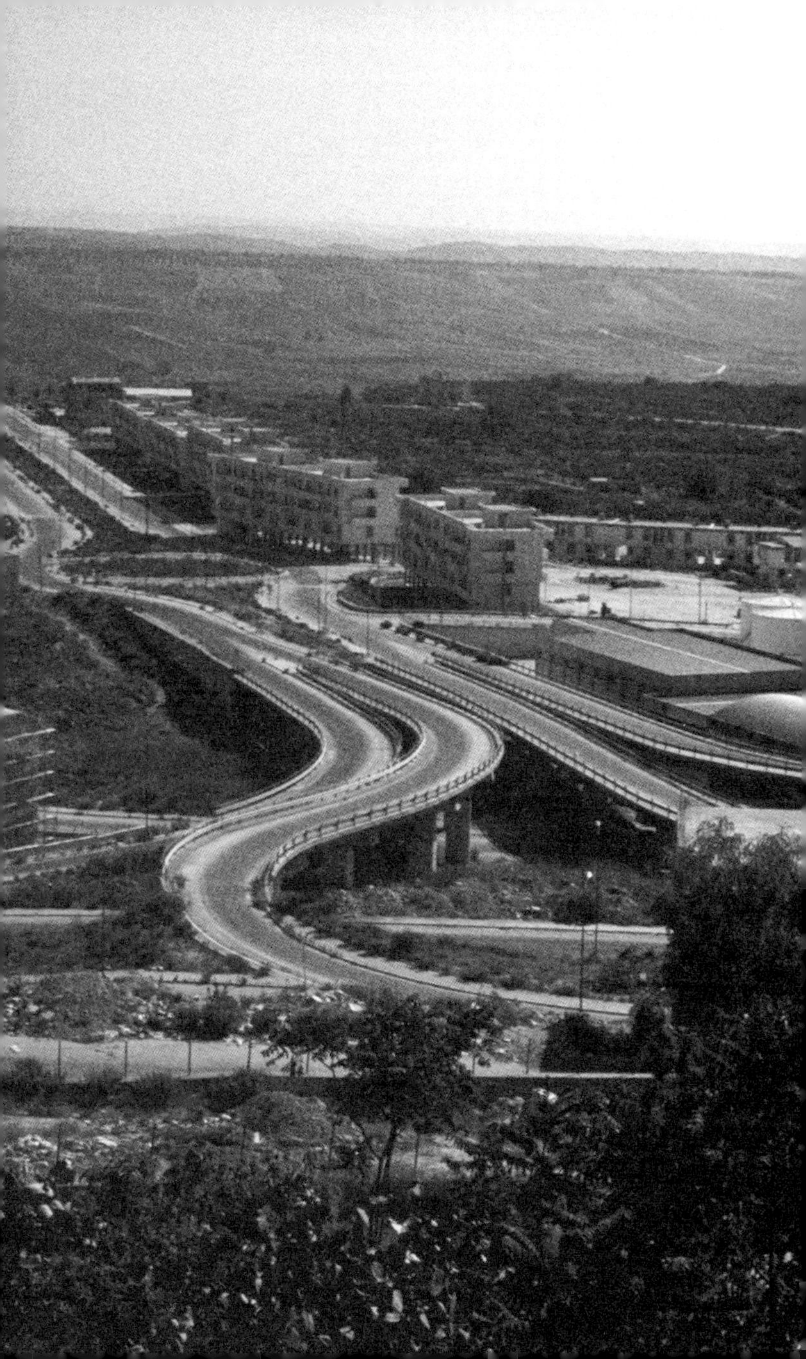

# Einleitung

Dieses Buch handelt von den Planern. Die Planer sind ein Thema, über welches eigentlich in bewunderndem Tone geschrieben werden sollte: sie sind verantwortungsvoll, auch verantwortungsfreudig, weitblickend, umsichtig. Sie erhalten die beste Ausbildung an den höchsten Schulen des Landes; wo sollte einer herkommen, der sie kritisiert?

Vor allem steht eine solche Kritik der Soziologie nicht an. Die Soziologie hat sich mit dem sozial benachteiligten zu befassen, dieses ist ihr traditionelles Gebiet. Soziologie handelt von Menschen, die in festen Zusammenhängen stehen und unreflektiert entscheiden; Entscheidungsberechtigte, Planer fallen gar nicht unter die Betrachtung der Soziologie. Sie unterliegen nicht den Gesetzen des Menschseins, sondern sie formen diese: das Leben, wie es die Gesellschaft führt, hat durch die Planer seinen Rahmen erhalten.

Der Verfasser dieses Buches ist Soziologe. Er benützt seine Soziologie dazu, um über Planer zu reden. Er betrachtet Entscheidungsvorgänge als menschliches Handeln wie anderes auch. Abhängig, unreflektiert, dumpf und eben deshalb oder trotzdem teilweise beschreibbar und vorhersehbar.

Der Verfasser dieses Buches ist im fünften Jahrzehnt seines Lebens. Während dieser Lebensspanne hat die Stadt, in der er lebt, fünf Generalpläne gehabt. Alle haben sie den Anspruch erhoben, diese Stadt auf alle Zeiten zu sanieren, das Verkehrsproblem zu lösen und die Stadt konfliktlos dem Vollausbau entgegenzuführen. Voraussehbar war daran allein das, was die Planer gerade nicht vorausgesehen haben: dass diese Pläne scheitern. Allerdings wurde das Scheitern nur teilweise offenbar; meistens gelang es, den Stadtplan mit dem Stadtplaner auszuwechseln. Der Verfasser erinnert sich nicht mehr, wieviele Stadtplandirektoren er im Laufe seines Lebens erlebt hat; Päpste waren es fünf, so mögen es auch fünf Stadtplaner gewesen sein.

Stadtpläne gelten ewig; sie bringen eine Lösung vor allem für das Verkehrsproblem, aber auch für alle übrigen Probleme. Unbefriedigend ist nur, dass diese Lösung nicht funktioniert. Deshalb muss der Plan, noch bevor der Vollausbau erreicht ist, geändert werden. Der Beobachter dieser Vorgänge, Soziologe und deshalb sachlich unbeschwert, zieht daraus den Schluss, die Planer folgten einer falschen Entscheidungstheorie. Sie suchen die Vollkommenheit und schaffen Flickwerk – warum haben sie keine Theorie des Flickwerks? – Der Verfasser ahnt es, warum: ein Gesamtplan ist mehr als nur ein Plan. Ein Gesamtplan hat seine Philosophie, seine Ethik, seine Ideologie, seine Psychologie, seine Ästhetik, seine Politik und seine Sprache. Ein Gesamtplan ist etwas Unwiderstehliches. Wer Gesamtpläne macht, der glaubt tatsächlich, dass dieses Mal die Lösung erreicht werde. Der Gedanke daran, dass es ihm gleich gehen werde wie seinem Vorgänger ist nicht nur defätistisch, nein, er ist ausgeschlossen.

Der Gesamtplan hat seine Philosophie: sie ist kartesianisch und beruht darauf, dass Rechnungen aufgehen, dass Probleme sich lösen lassen ohne Rest. Die Philosophie des Gesamtplanes nennen wir ZASPAK nach den Anfangsbuchstaben der folgenden Maximen: Formuliere das Ziel, analysiere des Problem, ziehe die Synthese daraus, machen den Plan, schreite zur Ausführung, kontrolliere den Erfolg. Es ist dies eine Philosophie, nach der sich einfache ingenieurmäßige Probleme lösen lassen: der Bau einer Brücke, der Durchstich eines

Tunnels. Für Planungsprobleme funktioniert diese Philosophie nicht.

Planung hat auch eine Ethik: sie behandelt, wie man rasch errät, die Verantwortung. Planer glauben an die Teilbarkeit der Verantwortung in eine politische und eine technische Hälfte. Sie erklären sich für zuständig für das zweite und garantieren, dass der Auftrag, den sie erhalten zu haben vorgeben, richtig ausgeführt wird. Dass sie selber es waren, die den politischen Entscheidungsträger den Auftrag suggeriert haben, verschweigen sie oder wissen sie selber nicht.

Planung hat auch eine Ideologie: sie gibt vor, es gebe Ziele und Mittel. Das Vorhandensein von Zielen – die „Lösung" des Verkehrsproblems – legitimiert die angewandten Mittel – der Abbruch einer Häuserzeile zwecks Verbreiterung der Straße. Im Hinblick auf das hohe Ziel, das künftig alle Autofahrer mit einer etwas höheren Geschwindigkeit in die nächste Verstopfung hineinfahren können, sollen wir geduldig die Zerstörung unseres Wohnraumes tragen.

Die Planung hat ihre Psychologie: es ist die Psychologie des Heranwachsenden. Im Alter von 15 oder 16 Jahren beginnt der Mensch, die Welt ganz zu verstehen, indem er sich ein vereinfachtes Modell von ihrem Funktionieren macht. Er nimmt dieses Modell für die Wirklichkeit und versucht, Einwände und widersprüchliche Tatsachen zu eliminieren. Auch Planer arbeiten auf Modellen und mit einem restringierten Code: sie nennen dies Pläne, Berechnungen, Prognosen, und vergessen im Laufe der Arbeit, dass es sich dabei um Abstraktionen und nicht um die dornige Wirklichkeit handelt.

Auch ihre eigene Schönheit hat die Planung: ihre Ästhetik hat etwas verführerisches dadurch, dass Vollkommenheit angestrebt wird. Planung strebt ja zum

Endausbau, zur umfassenden Lösung; und wer wollte behaupten, Flickwerk sei schöner als die angestrebte Vollkommenheit? Schade nur, dass gerade das Streben nach Vollkommenheit in der Realität zum Flickwerk führt. Unsere Städte bestehen aus den Trümmern früherer Gesamtkonzeptionen.

Planung hat auch ihre Politik, ihre Art der Beschlussfassung: sie beschließt nämlich, entgegen der Meinung, die sie von sich selber hat, nicht das Beste, sondern das erste Beste. Planungsbehörden bestehen aus Stäben, und Mitglieder von Stäben nehmen mehr Rücksicht aufeinander als auf die Erfordernisse der Außenwelt. Ihre Entscheidungen manövrieren sich an den Entscheidungen der Kollegen vorbei. Die erste Lösung, die man findet, und die keine Lösung eines Kollegen verletzt, gilt nicht nur als die Beste, sondern als die einzig mögliche Lösung.

Planung hat schließlich ihre eigene Sprache, und es ist eine positive Sprache. Sie handelt von erfreulichen Nachrichten, vermeidet alles destruktive, verbreitet keine Unsicherheit in der Bevölkerung, sondern bemüht sich, tapfere Zuversicht und Weitblick auszustrahlen. Soll ein Quartier abgebrochen werden, so bezeichnet die Planung dieses als „Sanierung“, soll die Straße vor meinem Haus künftig die doppelte Verkehrsbelastung erhalten, so bezeichnet man sie als „Entlastungsstraße“. Wir werden es in diesem Buche schwer haben, eine gleichermaßen positive, der Planersprache ebenbürtige Ausdrucksweise zu finden.

## Das Bauwesen

Es geht nicht um Architektur, nicht einmal nur um das Bauen, sondern es geht um das Bauwesen. Das Bauwesen ist ein Komplex, fast ein Lebewesen, ein Untersystem des großen Systems von Gesellschaft und Wirtschaft, und als solches mit einem Eigenleben ausgerüstet. Mit einem Wachstumsimpuls, natürlich, aber das Wachstum hängt von äußeren Umständen ab. Gefährlicher noch ist das autonome Innenleben, das durch Inzucht zu Zuständen führt, wie sie niemand beabsichtigt haben kann, der noch die tatsächlichen Zwecke des Bauens im Auge hat. Solche zweckwidrige, aber von nirgendwo mehr aufknüpfbare Missstände entstehen etwa auf dem Gebiet der Sicherheit: Brandschutzvorschriften und Bauweise greifen in einer zunehmend unlogischer werdenden Art ineinander ein; – oder der Klempnerei: angebliche Sicherheit, Investitionen der Installationsfirmen und bloßer Berufsschutz ergeben zusammen ein System von Vorschriften „zum Schutze der Bewohner", bei welchen der Bewohner nur noch der Zahlende ist – oder er umgeht Vorschriften. Das Bauwesen ist vergleichbar mit anderen Komplexen, die diese wuchernden Eigenschaften aufweisen. Schon der alte Eisenhower, selbst die personifizierte Aufrüstung, warnte vor dem industriell-militärischen Komplex. Forschung, Rüstung und Politik, unter Einschluss von Friedensverhandlungen, Abrüstungskonferenzen und gegenseitiger Überwachung, schaukeln sich in autonomer Weise so hoch, wie es im Grunde niemand will, wiewohl es natürlich direkt Profiteure gibt. Gewollt oder mindestens teilweise auch vom Publikum applaudiert ist der Komplex Automobil: er ist über den Straßenbau, das Verkehrswesen und die davon diktierte

Stadtplanung auch unmittelbar mit dem Bauwesen verknüpft. Deutlich zeigen sich gerade jetzt, wo das schon lange am Horizont sichtbare Gespenst der Benzinknappheit Realität gewinnt, die Verhärtungen des Systems. Der technische Fortschritt ist auf dem Gebiete des Motorfahrzeugbaues schon so lange stillgelegt, und der so genannte Konkurrenzkampf zwischen den Automobiltypen beschränkt sich schon seit so langer Zeit nur auf die beim Kauf sichtbaren Nebensächlichkeiten, dass heute, wo Innovationen wieder erwünscht wären, nicht nur keine bereitstehen, sondern nicht einmal Ansätze dazu geschaffen werden. In ähnlicher Weise haben das Wachstum und die kapitalmäßige Ausstattung des Bauwesens, entgegen allen Regeln klassischer Ökonomie, die Innovation im Bausektor stillgelegt.

Das Bauwesen erfasst den engeren Bereich der Architektur samt seinem Überbau, den Hochschulen, den Bauzeitschriften, den Ideologien der Architektenverbände und – nicht zu vergessen – den Gegenideologien der jungen Linken, deren Überschätzung des Entwicklungsgrades für das Bauwesen geradezu schmeichelhaft ist. Das Bauwesen umfasst die gesamte Bauausführung mitsamt der Zulieferung durch das Baugewerbe, die Materiallieferanten und die verarbeitende Industrie. Es umfasst aber auch die Finanzierung, die Beleihung, den Grundstückshandel, die daran angehängte Bürokratie und Rechtsprechung. Es umfasst nicht zuletzt große Teile des Staatswesens, das nicht nur als der bei weitem größte Auftraggeber auftritt, als intensiv verflochtene Instanz über eine Gesetz- und Normgebung, die in intensiver Kooperation zwischen der Bürokratie und den Berufsverbänden entsteht. Gerade die Tatsache, dass jeder erreichte Fortschritt sogleich zur Norm wird, gefährdet den weiteren Fortschritt, indem die Entwicklungsrichtung festgelegt bleibt und das gegenwärtig erreichbare Maximum mit dem tolerierten Minimum zusammenfällt. So wird ein Experimentieren mit Alternativen unmöglich. Ein weiteres, schon erwähntes Verflechtungsgebiet ist die Stadtplanung, wo die vermeintlichen Ansprüche des Verkehrs, verbunden mit den besonderen, für die Städte günstigen Finanzierungsweisen, zu einer ununterbrochenen Stadtzerstörung und damit willkommenen Auftragsbeschaffung für das Baugewerbe führen – ein Komplex, der wie kein anderer das Bild der Nachkriegslandschaft geprägt hat.

Noch in der unmittelbaren Nachkriegszeit konnten diese Wirkungen der Interaktion zwischen Staat und Bauwesen als ungewollt, als aus der Natur der Sache entstandene Dysfunktion erscheinen. Spätestens 1958 war es aber auch in Europa klargeworden, dass der Vorsprung der Vereinigten Staaten nicht allein der privaten Initiative zu verdanken ist, sondern der lenkenden Kooperation des Staates, die durch eine Aufrüstung gerichtete Forschung, eine auf Absatz gerichtete Diplomatie und schließlich durch eine auf die allgemeine Mobilität und Verfügbarkeit von Arbeitskraft gerichtete Verkehrsplanung den Staat selbst von einem Auftraggeber zu einem Auftragserzeuger und Produktionsmittel umgeschmiedet hat.

Es war die Zeit der Entdeckungen von Colin Clark und Jean Fourastié. Das Industriezeitalter, so meinte man, ist überwunden und die Arbeitsplätze gehen infolge der Automation zurück. Die so automatisierte Produktion bedarf vor allem der Lenkung, Verwaltung und Verteilung: des tertiären Sektors. Dieser Sektor, der als nicht rationalisierter angesehen wurde, erscheint den damaligen Planern als ein immenser Generalstab, der im ständigen Zustand des Brainstorming Informationsaustausch und Begegnungen zwischen Funktionären in unmittelbarer Folge nötig hat. Aus der Lektüre Jean Fourastiés zog der japanische Architekt Kenzō Tange die Konklusion, dass eine Industrienation von der Bedeutung Japans einen metropolitanen Kopf brauche, bei welchem zehn Millionen Arbeitsplätze untereinander in Kontakt stehen müssten. Der *Greater Tokyo Plan* war also folgerichtig eine über die Bay von Tokyo gebaute Maschine, die einen Verkehr ermöglicht, welcher die plötzlich notwendig werdende Begegnung zwischen einigen beliebigen Partnern dieses millionenfachen Generalstabs ermöglicht. Viele Stadtplanungen aus jener Zeit – und die meisten sind noch in Gültigkeit und werden laufend ausgeführt – bewegen sich im Vorfeld dieser technologischen Utopie und sind im Grunde nichts anderes, sondern nur schlechter als Tanges Greater Tokyo.

Voraussetzung für diese Entwicklung war eine Mobilisierung der Bevölkerung zur obligatorischen Teilnahme an Verkehr und Technik. Dieses ist vermutlich der entscheidende Teil der technischen Revolution des zwanzigsten Jahrhunderts. Bis in die fünfziger Jahre war die Teilnahme am technischen Fortschritt bis zu einem gewissen Grade fakultativ. Wohlhabende Leute fuhren im Auto, ärmere verzichteten darauf. Auch einige Wohlhabende verzichteten auf das Auto, fuhren Eisenbahn und Straßenbahn und bestellten notfalls ein Taxi. Die Stadt war noch so organisiert, dass der Reiche auf das Motorfahrzeug verzichten konnte. Der Arme verzichten musste.

Heute ist die Situation umgekehrt: nicht, wer es sich leisten kann, sondern wer sein Geld verdienen muss, fährt Auto; und wer nicht Auto fährt, der fällt aus dem Produktionsprozess. Was übrig bleibt, Kinder, Alte und

Behinderte, zählt ohnehin im Produktionssektor nicht. Die Teilnahme im privat motorisierten Verkehr ist obligatorisch geworden. Sich ihr zu entziehen gilt als subversiv. Die Verweigernden, sofern sie im arbeitsfähigen Alter sind, gelten entweder als harmlose Originale oder als gefährliche Gesellschaftsveränderer.

Diese allgemeine Mobilisation zum Konsum und zum Verschleiß von Wagen und von Straßenraum wurde durch den besonderen Interaktionsmechanismus eingeleitet, der sich zwischen Staat und Privatwirtschaft etabliert hat. Er bewirkt eine Selbstzerstörung von bestehenden Einrichtungen und damit eine Selbstschaffung von Aufträgen, wie sie die Wirtschaft außerhalb der Kriege noch nicht erlebt hat. Die wichtigste Zerstörung ist die des öffentlichen Verkehrsmittels, oder, wo dieses noch besteht, seiner Brauchbarkeit und Zuverlässigkeit. In der Straßenbahn und im Bus findet man heute nur noch Kinder, Alte und Gastarbeiter, Bevölkerungsteile also, die kein oder ein unterdurchschnittliches Einkommen haben. Systematisch zerstört wurden auch die Vorteile und die Sicherheit des Fahrrades; damit nahm man der heranwachsenden Jugend ihre Unabhängigkeit und ihren Aktionsradius und verwies sie auf die Sehnsucht nach dem Auto. Also nach der Erfüllung des gesellschaftlichen Obligatoriums. Die zerstörerischen Folgen – oder sind es Ursachen – in den Innerstädten brauchen hier nicht geschildert zu werden. Diese ganze Entwicklung ist ermöglicht durch eine durchaus neuartige Koalition zwischen Staat und Wirtschaft. Nachdem der Wirtschaftsliberalismus von Adam Smith bis nach dem Zweiten Weltkrieg nach dem minimalen Staat gerufen hatte, war es den europäischen Wirtschaftskapitänen erst zu Ende der fünfziger Jahre klar geworden, dass die amerikanische Wirtschaft längst von den verpönten Eingriffen des Staates lebte. Dort hatte man es sich rasch ausgerechnet, dass erhöhte Besteuerung die Wirtschaft nicht schädigt, sondern ankurbelt, werden doch Staatseinnahmen auch wieder ausgegeben, wobei die Wirtschaft in dreifacher Hinsicht der Gewinner ist. Sie ist Auftragnehmer des Staates und Benutzer der durch diese Aufträge geschaffenen Infrastruktur; sie ist aber schließlich und vor allem dadurch der Gewinner, dass dieses Verhalten des Staates die Inpflichtnahme der Gesamtbevölkerung, die obligatorische Beteiligung aller am so genannten technischen Fortschritt, an Konsumtion und Verschleiß, insbesondere von Autos, bedeutet.

Indem die Steuern Einnahmen für die Produzierenden werden, verlangt die Wirtschaft nach baulichen Maßnahmen. Wir werden im dritten Kapitel zeigen, durch welche Mechanismen die meisten staatlichen Eingriffe in Baumaßnahmen einmünden: die Schulreform der späten sechziger Jahre mündete ein in einen zügellosen Schulhausbau, das „Gesundheitswesen", der Ausdruck kann nur ironisch verstanden werden, produzierte eine Kette von Skandalen auf dem Gebiete des Krankenhausbaues, und schließlich ging in vielen Städten die Theaterkultur am Theaterbau zugrunde.

Die Umwelt, die Landschaft, und damit auch die Stadtlandschaft, sind Ausdruck nicht nur der Produktionsweisen, sondern auch der Funktionsweisen des beschlussfassenden Überbaues. In dieser allgemeinen Form ist die Aussage noch banal. Es muss erkannt werden, was denn unsere Landschaft und Stadtschaft aussagt und in welcher Weise dieses vom „System" bedingt ist. Viele kritisieren die wachsende Hässlichkeit unserer Umwelt, aber über die Art der Hässlichkeit bestehen durchaus divergierende Ansichten. Den einen erschreckt das Chaos, den anderen das Ausmaß von Einheitlichkeit und Planung. In der Tat sind dies beides Charakteristiken unserer Beschlussfassung: Die Gesellschaft plant in großen Dimensionen, aber auf vielen Gebieten hat sie – vielleicht zum Glück – nicht den langen Atem für die Durchführung. So entsteht das Bild des Chaos aus dem Unvollendeten, aus den vielen ersten Etappen, welchen keine zweite und dritte gefolgt ist.

Das Bauwesen ist mit diesem Zustand wohl zufrieden. Es will nicht vollenden, sondern weitere Aufträge. Aufträge gibt es aber nur im Hinblick auf eine vorgespiegelte Vollendung. Infolgedessen muss das Spiel der zielbewussten Planung, die im Laufe ihrer Ausführung überholt wird, weitergespielt werden.

Aber es gibt doch immerhin noch die freie Wirtschaft? Sie müsste doch abschätzen können, was sie sich zumuten kann, und dieses auch vollenden. Es gibt sie tatsächlich, und als ein sprechendes Beispiel erscheint uns immer das Schicksal der im Norden von Zürich operierenden Firma Göhner. Ernst Göhner hatte als junger Mann eine Schreinerei geerbt und diese so mechanisiert, dass er als erster in der Schweiz Normfenster herstellte. Diese waren insbesondere dann preisgünstig, wenn der Bau, in welchen sie eingesetzt wurden, zwangsläufig zu diesen Normen führte. Infolgedessen interessierte sich Göhner für die gesamte Vorfabrikation und bot in den sechziger Jahren nach dem Igeco-System vorfabrizierte Bauteile an. Diese Bauteile waren insbesondere dann preisgünstig, wenn sie kontinuierlich hergestellt wurden und in jenen Portionen, welche die Produktionsanlage vorgab: auf soundsoviele Wandelemente ein Deckenelement, so und so viele Balkone usw. Diese Kontinuität konnte insbesondere dann gewährleistet werden, wenn man selber Bauherr war: Göhner begann also zu bauen. Um in großem Maßstab zu bauen, braucht man aber Landvorräte mit bewilligten Bauvorhaben, deshalb stieg Göhner in das Immobiliengeschäft ein. Es erwies sich aber, dass Göhner-Bauten auf Bauland, welches man in den ausgewiesenen Bauzonen unserer Städte oder Vororte kaufen kann, nicht billiger kamen als andere Wohnhäuser, da die durch die Vorfabrikation gebotene Verbilligung, wenn es sie gab, längst aufgefressen wurde durch den Bodenpreis und die Zeitdauer der langwierigen Bewilligungsverfahren. Deshalb ging die Firma Göhner schon frühzeitig dazu über, Nicht-Bauland, also so genanntes übriges Gemeindegebiet, aufzukaufen. Nur dort, wo es gelang, Nicht-Bauland aufzukaufen und dann zu überbauen, kam die Göhner'sche Planung zum Zuge.

Irgend ein sich für einen Realisten haltender Kopf kam einmal auf die kuriose Idee, Ernst Göhner in den Beirat des Instituts für Ort-, Regional- und Landesplanung der ETH Zürich zu bitten. Der schon greise Göhner erschien dort in der Tat ab und zu, aber er ließ sich, wenn wir nicht irren, nur ein einziges Mal zu einem Votum hinreißen. Dieses lautete ungefähr so: „Planung, was heißt überhaupt Planung? Ortsplanung, Regionalplanung und so? Ich fliehe die Planung, sie ist es, die mich mit meinen Wohnbauten so weit von den Arbeitsplätzen forttreibt. Und wenn man kritisiert, dass meine Mieter so lange Arbeitswege zurückzulegen haben, so kommt das daher, dass der Umkreis der Städte schon geplant ist. Wer in der Schweiz etwas Großes leisten will, der darf sich nicht mit der Planung einlassen." Sprach's, und kaute dann weiter an dem Streichholz, das er sich zu Beginn der Sitzung zwischen die Zähne gesteckt hatte.

Auch Göhners Siedlungen sind so etwas wie erste Etappen, Trümmer einer geträumten Großstadt, die nicht zustande gekommen ist. Ideologisch war diese Großstadt der Traum vom Wohnen im Grünen und von der Arbeit im metropolitanen Generalstab. Praktisch entstand diese Großstadt aus dem Bestreben der expandierenden Großunternehmungen und dem unternehmerischen Kapital, sich nicht mehr mit dem schon im kleinbürgerlichen und bürgerlichen Besitze befindlichen bebaubaren Boden in den Außenquartieren und am Stadtrand abzugeben, der nur tropfenweise und nach zufälligem Geldbedarf der zufälligen Besitzer zu haben war, sondern diese Zone zu überspringen und das Land gleich in großem Maßstab bei den Bauern zu kaufen. Der Staat unterstützte diese Tendenz durch einen entsprechenden Straßenbau, denn es war sein Beitrag zur „Verbilligung" des Wohnens, das er mittels Schnellstraßen das billige Bauland in die Nähe der Zentren rückte. Schließlich war damit – fast – allen Interessen gedient: das Geld konnte tatsächlich verbaut werden, sei es in Wohnhäusern oder in Straßen, und verschwand nicht in den Taschen jener kleinen Auch-Kapitalisten, die das Bauland in den Städten besitzen. So zahlte die Industrie gerne Steuern – für Straßen, und gerne Lohnerhöhungen – für Mieten und Autokäufe, solange dieses mehrbezahlte Geld wieder zurücklief und nicht im Mittelstand versickerte.

Das Wort vom „Bauwesen" ist also ein Versuch, über diese Interaktionsprozesse, die unsere Umwelt gestalten und verunstalten, einen Begriff zu stülpen, der sie zu erklären vermag. Dem Bauwesen sollen Eigenschaften eines Lebewesens zugedacht werden wie dem „Lehrkörper" durch den jungen Buddenbrook; wenn dabei Geschehnisse als regelhaft dargestellt werden, so soll das nicht heissen, dass sie den betreffenden auch bewusst seien – wohl aber willkommen.

## Die Kurzsichtigen und die Weitsichtigen

„Noch bevor diese Dekade vorbei ist“, so sagte Präsident Kennedy zu Beginn der sechziger Jahre, „soll das Ziel erreicht sein, einen Menschen auf den Mond zu landen und ihn heil zur Erde zurückzubringen“. Und als dann Ende des Jahrzehntes die berühmte Rakete abgeschossen wurde, da ließ sich auch noch Wernher von Braun vernehmen. Gefragt, welche Bedeutung er diesem Besuch auf dem Mond zumesse, meinte er, wohl nicht unvorbereitet auf die Frage, der Schritt des Menschen ins Weltall sei so bedeutend wie vor Millionen Jahren der Schritt der Lurche vom Wasser auf das Land. Indem allmählich sichtbar wird, wie abseitig die kostspielige Zielsetzung einer Mondfahrt war und wie groß die Probleme sind, die in den sechziger Jahren eigentlich hätten gemeistert werden müssen, wird auch deutlich, dass die Pose der Weitsichtigkeit, die man damals annahm, ebenso pathologisch ist wie die Kurzsichtigkeit der Jahre zuvor. Kurzsichtige wie Weitsichtige sollten den Optiker aufsuchen.

Nach dem Kriege, in der Zeit des Wiederaufbaus, dominierten zunächst die Kurzsichtigen – wiewohl auch diese sich für weitsichtig hielten. Ihre Methode war der unmittelbare Eingriff. Ergab sich durch die nunmehr wieder ansteigende Zahl der Motorfahrzeuge irgendwo im Stadtzentrum eine Stauung, so wurde diese Stelle verbreitert. Diese Maßnahmen verschlimmerten das Übel naturgemäß, da für eine behobene Verkehrsstauung mindestens deren zwei auftraten, nämlich am Anfang und am Ende der verbesserten Stelle.

Der Wiederaufbau – der Begriff steht für eine Epoche, nicht nur für zerstörte Städte – ging aus vom Bilde der harmonischen Stadt mit einem so genannten „gelösten

Verkehrsproblem". Unausgesprochen steckte dahinter die Meinung, die Besitzverteilung von Motorfahrzeugen werde sich, wie vor dem Kriege, entlang den Einkommensstufen einpendeln, so dass die Wohlhabenden die Stadt befahren, die Durchschnittsbevölkerung sie allenfalls mit dem öffentlichen Verkehrsmittel zu erreichen, im Innern aber zu Fuß zu durchwandern hatte. Weiterhin steckte dahinter die Annahme, dass die oberen Einkommensklassen, also die motorisierten Besucher, das Einkommen der Innenstadt bildeten. Deshalb musste die Innenstadt für einen bestimmten Prozentsatz der Bevölkerung, eben diejenigen, die sich einen Wagen leisten können, befahrbar sein.

Die erste Phase des Wiederaufbaus, diejenige der direkten Eingriffe, geschah noch gewissermaßen dilettantisch, meist aufgrund von Planungen, die von den Bauämtern und ihren vorgesetzten Politikern selbst entworfen worden waren. Nicht selten hatte man auch, vor allem in Deutschland, auf Planungen der Vorkriegszeit oder gar der Kriegszeit zurückgegriffen. Der Wiederaufbau war ja noch von den Nazi-Behörden selbst unmittelbar nach den Bombardements in Angriff genommen worden, und teilweise genau in jenem Geiste, wie er nach dem Kriege vollzogen wurde. Die neuen Magistralen der Stadt Kassel, beispielsweise Steinweg, Schumacherstraße, Wolters-Straße, Stern-Kreuzung zeigen genau die Geisteshaltung der durch Straßenverbreiterung harmonisierten Stadt. Den wenigen Autofahrern sind die lästigen Hindernisse so weggeräumt worden, dass sie ihre Einkäufe in der Innenstadt ungestört tätigen können.

Erst gegen Ende der fünfziger Jahre wurde klar, dass die erstrebte Harmonisierung des Stadtverkehrs nicht eintreten kann. Der Automobilbesitz entwickelte sich nicht entlang der Klassengrenzen, sondern im Gegenteil: die obligatorische Teilnahme am privaten Motorverkehr brachte es mit sich, dass gerade der Autobesitz nicht mehr auf übriges Einkommen schließen ließ, sondern im Gegenteil einen bedeutenden Prozentsatz des Einkommens seiner Besitzer beanspruchte. Mit dem Auftreten der ersten Disparitäten des von mir so genannten „harmonischen" Stadtmodells bot sich die Gelegenheit für das Auftreten der ersten großen Experten, eines Typus von Ingenieuren, wie wir sie bis auf den heutigen Tag nicht mehr losgeworden sind. Der Mann der Stunde war damals, um das Jahr 1958, Ingenieur Leibbrand, der Mann, der in Krieg und Frieden rasch eine Lösung bereithält, und gegen entsprechendes Honorar den Städten einen Verkehrsplan lieferte, wie sie ihn wünschen.

Noch heute sind wir die Experten vom Typus Leibbrand nicht losgeworden. Ihre Arbeitsmethode ist die ingenieurmäßige, das heißt, sie streben, wie sie es gelernt haben, ein Ziel durch eine bestimmte Maßnahme an. Ihr Vorgehen lässt sich wie folgt beschreiben: Zielsetzung, Analyse des Problems, Synthese, Planung, Ausführung, Kontrolle. Nach den Anfangsbuchstaben nennen wir diese Methode ZASPAK. Gehen wir die einzelnen Stationen der Methode einmal durch:

Zielsetzung: schon das Wort Ziel müsste eigentlich deutlich machen, wie viel gesellschaftliche und philosophische Fallstricke hier lauern. Der ingenieurmäßige Ansatz: „Das Ziel ist es, den Fluss zu überqueren, das Mittel dazu ist eine Brücke" erweist sich in den Problemen der Stadtplanung als hinfällig. Zunächst das gesellschaftliche Problem: Haben wir alle das gleiche Ziel? Die Gesellschaftsschichten unterscheiden sich gerade eben durch die Präferenzskalen, mit welchen sie die staatlichen Machtmittel und Geldmittel einsetzen würden. Charakteristisch für die moderne Stadt ist der Zielkonflikt zwischen Außenquartieren und Zentrum. Die Bewohner der Außenquartiere möchten das Zentrum im eigenen Wagen und möglichst rasch erreichen; die Bewohner der zentralen Wohnlagen sind dadurch in der Existenz gefährdet.

Gunnar Myrdal hat auf den ideologischen Charakter einer Unterscheidung von Zielen und Mitteln hingewiesen. Kein besseres Beispiel dafür gäbe es als die Stadtplanung. Denken wir an eine Verkehrssanierung: Ziel ist es doch offenbar, dass der Verkehr rascher durch ein Quartier passieren kann. Das Mittel dazu ist Verbreiterung einer bestimmten Straße. „Leider" müssen dazu die Häuser der einen Straßenseite niedergelegt werden. Man hofft, dass die Bevölkerung es verstehen wird, dass dem hohen Ziel der Stadterschließung die Bewohnbarkeit einer Häuserzeile geopfert werden kann. Die verdächtige Unterstützung des Zieles durch die Berufsverbände des Bauwesens zeigt aber deutlich, dass bestimmten Berufsgruppen das Ziel ist, die Liegenschaften einer Straße zu zerstören, und das Mittel dazu, eine Verkehrsverbesserung vorzunehmen. Für den Bewohner eines solchen, dem Abbruch geweihten Hauses ist es schließlich egal, welches das Ziel und welches das Mittel ist; er muss das Haus verlassen.

So zeigt sich, dass derjenige Ziele setzt, der die Macht hat, und dass die Macht darin besteht, instrumentelle Maßnahmen als Ziele benennen zu können, damit man sie nicht als Mittel erkennt und die wahren Ziele verschleiert bleiben.

Die nun folgende Phase, die Analyse, ist die eigentliche Neuerung der späten fünfziger Jahre. Während die Großen Meister der Vorkriegszeit und der unmittelbaren Nachkriegszeit gleich nach der Zielsetzung den dicken Bleistift zückten, gab man sich nun den Ruf der Wissenschaftlichkeit, indem man eine Datenaufnahme präsentierte.

In der Zwischenzeit waren die Experten auch in Amerika gewesen und haben dort zwei neue Begriffe gelernt: Prognose und Extrapolation. Die Lehre von der Extrapolation besagt, dass man die Zukunft voraussehen kann, indem man eine Zahlenreihe aus der Vergangenheit in Form einer Kurve aufmalt und sie linear oder exponentiell fortsetzt. Also nach dem Muster: letztes Jahr trug der Apfelbaum drei Äpfel, dieses Jahr 15, wenn das so weitergeht, wird er im Jahr 2000 Hunderte von Tonnen erbringen. Diese relativ stupide Art der Prognose traf eine Weile lang für einige wirtschaftliche Dinge zu, so lang nämlich, als die nachkriegsbedingte Aufbauphase im Gange war. Endgültig ins Wanken kam die Sache erst zu Beginn der siebziger Jahre, und zur Erklärung der falschen Prognosen mussten zwei Begriffe herhalten: der so genannte Pillenknick und die sogenannte Energiekrise.

Die Prognosen bildeten die Datensammlungen, die man für „Analysen" des bearbeiteten Problems hielt. Hier geht es uns um die Frage, ob die so gelehrt aussehenden Datensammlungen tatsächlich zu besseren Lösungen führen. Die Wirklichkeit ist ein komplexes Gebilde und kann in Millionen von Daten eingefangen werden. Die Frage, welche Daten man für die Ausarbeitung einer so genannten Lösung braucht, kann erst beantwortet werden, wenn diese Lösung in Sicht ist. Dieses genau unterscheidet die städtebaulichen Fragen von den ingenieurmäßigen: bei Ingenieuraufgaben ist die Fragestellung klar, so dass die Lösung erarbeitet werden kann. Bei städtebaulichen Problemen wäre das

Finden der genauen Fragestellung identisch mit dem Finden der Lösung; oder anders ausgedrückt, städtebauliche Probleme sind nicht deshalb unlösbar, weil die Lösung zu schwierig zu errechnen ist, sondern deshalb, weil die Fragestellung nie genau genug gefasst werden kann. Wir haben es also mit dem zu tun, was der Mathematiker Horst Rittel „bösartige Probleme“ nennt.

Am Ende der fünfziger Jahre begnügten sich die Experten noch mit Gutachten, welche eine konventionelle Auswahl von statistischen Daten in graphisch etwas aufgemöbelter Form präsentierten. Solche analytische Teile von Gutachten sind übrigens bis auf den heutigen Tag noch zu sehen. Seriösere – oder geschäftstüchtigere – Institute aber sprachen schon in den sechziger Jahren von der Anlage von Datenbanken, in der Annahme, ein solcher riesiger Vorrat an Daten verringere die Subjektivität der Auswahl. In Wirklichkeit hat man damit das Problem nur auf eine andere Phase verschoben: war bisher die Wirklichkeit zu kompliziert, um erfasst zu werden, so sind es jetzt die Datenbanken.

Damit kommen wir zur nächsten Entwurfsphase, zur „Synthese“: hier ginge es offensichtlich darum, die Analyse in der Weise zu reduzieren, dass sie als Grundlage eines Lösungsentwurfs dienen kann. Es geht also im wesentlichen um eine Reduktion der Information. Nehmen wir an, unser Experte habe Befragungen durchgeführt, er habe die Antworten nach Bevölkerungsklassen eingeteilt, so dass seine Ergebnisse für die Gesamtstadt oder die Region repräsentativ sind. Er weiß also von einigen 100.000 Personen je 80 bis 100 Tatsachen, vom Geburtsdatum über den Autobesitz bis zu seiner Meinung bezüglich des zukünftigen Verkehrsmittels. Hinzu kommen Sachdaten über Straßen, Gebäude, Wirtschaft. Im Ganzen also mehrere Millionen von Informationen.

Nun verfügen unsere Experten aber über keine einleuchtende Methode, um die Großzahl ihrer gesammelten Informationen sichtbar und logisch in die Entwurfsphase zu überführen. Man kann also getrost behaupten, die „Synthese“ bestehe nach wie vor aus dem vermeintlich vernünftigen Handeln des erfahrenen Fachmannes, auf das wir noch zurückkommen werden.

So beginnt die Planung der Lösung wie eh und je mit dem dicken Bleistift des Großen Meisters. Aus den gesammelten Daten werden einige „wesentliche“ herausgefischt, meist nicht andere, als die, welche der Auftraggeber schon am ersten Tag dem Experten erzählt hat. Unsere Stadt ist dadurch charakterisiert, dass …, das Problem unserer Innerstadt liegt darin, dass …, wichtig wäre uns, dass nun endlich einmal … – und welcher Experte wäre so kühn, den deutlichen Wink nicht zu verstehen und andere Probleme als vordringlich anzusehen? Zu Beginn der sechziger Jahre pflegten die Gutachten so publiziert zu werden, wie sie abgeliefert worden waren. Diese schönen Zeiten sind längst vorbei: Heute erfolgt eine Reaktionsphase auf den Bauämtern selbst, und das Publikum erfährt nur diejenigen Meinungen des Experten, die dem Auftraggeber ins Konzept passen.

Die „Lösung“ besteht in stadtplanerischen Problemen gewöhnlich aus einem Maßnahmenbündel, etwa aus der Anlage eines Umfahrungsringes, eines inneren Cityringes und einiger radialer Straßen – das sind so die üblichen Rezepte. Die Ausführung des Planes untersteht nun natürlich nicht mehr dem Experten, sondern den Baubehörden. Deshalb fällt eine wichtige Komponente dahin, die vielleicht die Sache noch zu einem guten Ende hätte führen können. Aus wirtschaftlichen Gründen kann nämlich nicht alles, was geplant wurde, gleichzeitig verwirklicht werden; es muss also eine Reihenfolge erstellt werden. Diese Reihenfolge geschieht nun nicht etwa nach logischer Folge, sondern nach politischer Opportunität. Das hat zweierlei Folgen: einmal werden diejenigen Teile des Planes zunächst drangenommen, die leichter durchsetzbar sind, vielleicht weil sie dringlicher erscheinen. Damit ist aber schon vorprogrammiert, dass die zweite Etappe der Gesamtausführung schwieriger wird und in Frage gestellt wird.

Der zweite Fehler aber besteht darin, dass die nun in erster Dringlichkeit vorgenommenen Maßnahmen Auswirkungen haben auf das Gesamtsystem und die Richtigkeit der folgenden Veränderungen in Frage stellen.

Dafür ein Beispiel: Wenn Umfahrungs- und Entlastungsringe überhaupt sinnvoll sind, dann sicherlich nur, wenn sie von außen nach innen erstellt werden, also wenn zuerst die Umfahrungsstraße kommt und dann der Cityring.

Beschließt aber nun eine Stadtverwaltung aus politischer Opportunität, den viel logischer und vordringlicher erscheinenden Cityring zunächst zu beginnen und die äußere Umfahrung zurückzustellen, so zieht sie damit so viel Verkehr in die Stadtmitte und erzeugt ein solches Verkehrschaos, dass nicht einmal der Cityring funktioniert. Damit wird die an sich noch einigermaßen vertretbare Lösung des Experten vollends absurd gemacht. – Natürlich sind auch die Experten selbst nicht ganz unschuldig an diesem Phänomen: sie haben es nicht gelernt, und wir werden darauf noch den Finger legen, in zeitlichen Sequenzen zu planen. Ihre Planung erscheint als eine auf einen Endpunkt hin konzipierte Gesamtplanung, welche dann, nach ihrer Vollendung, einen harmonischen und nicht mehr gestörten Zustand einleitet: – die sogenannte „Verkehrslösung“.

Damit haben wir auch dargelegt, weshalb die weitsichtige Planung, wie sie nach 1958 die kurzsichtige abgelöst hat, nur quantitativ von dieser verschieden ist. Weiterhin geht man aus von der Vorstellung einer möglichen harmonisch funktionierenden Stadt, von der man annimmt, dass sie einer behebbaren Störung unterliegt. Das geplante Maßnahmenbündel soll diese Störung beheben und die Stadt auf einen Erschließungszustand heben, der den angewachsenen Verkehr wieder schluckt. Der in dieser Vorstellung beschlossene Denkfehler liegt darin, dass es die harmonisch funktionierende Stadt überhaupt nicht gibt. Die städtischen Zustände sind immer konfliktgeladen, und der Planer immer ein Schiedsrichter zwischen mehreren nicht optimalen Zuständen. Selbst die geglückte Lösung, wenn es das gäbe, hätte nur ein temporäres Leben: sofort treten technische sowohl wie politische Veränderungen ein, die wiederum Konflikte auftreten lassen. Die Weitsichtigen wie die Kurzsichtigen planen auf einen Endzustand, den es als solchen nicht gibt.

So kommen wir schließlich zum letzten Punkt konventioneller Entwurfsreihen: zur Kontrolle. Diese Kontrolle ist spät eingesetzt, dann nämlich, wenn die Konzeption vollendet ist und eventuell auftretende Fehler gar nicht mehr behoben werden können. Das viel beredete „Feed back“ dürfte nicht am Ende des Prozesses, sondern müsste dauernd stattfinden. Wenn also an der Entwurfsregel „ZASPAK“ überhaupt etwas dran ist, dann müsste sie ununterbrochen durchgespielt werden: der planerische Prozess müsste gesehen werden als eine Kette von dauernd rotierenden ZASPAK-Systemen.

Normalerweise aber werden allerdings Kontrollen gar nicht durchgeführt. Allenfalls erfolgen sie in einer Weise, die nichts beweist. Beliebt ist der Test, dass unmittelbar nach der Erstellung einer so genannten „Entlastungsstraße“ der Verkehr in den umgebenden Straßen gemessen wird; ist er ein bisschen zurückgegangen, so wird das als Erfolg der Strategie der „Kanalisation“ gefeiert. Würde man die Messung zwei oder drei Jahre später durchführen, so könnte man bemerken, dass sich die Seitenstraßen längst wieder aufgefüllt haben. Bis dann hat nämlich das sich auswirkende „Kanalisationssystem“ so viel mehr Verkehr in die Stadt gepumpt, dass wiederum das gesamte Netz belastet wird. Solche Kontrollen durchzuführen hat die Stadt aber normalerweise kein Interesse, es sei denn, sie bereitet schon wieder den nächsten großen Verbesserungsplan vor.

## Planer unter sich

Was wir bisher beschrieben und kritisiert haben, ist die Entwurfstätigkeit des Planers, und wir haben so getan, als lägen Zielfindung, Analyse, Synthese, Planung, Ausführung und Kontrolle in einer Hand. Dieses ist eine unrealistische Abstraktion. In Wirklichkeit ist der Entwurfsprozess ein Entschlussfassungsprozess, an welchem verschiedene Instanzen beteiligt sind, er ist also das, was Soziologen als einen Interaktionsprozess bezeichnen.

Man kann sich diesen Prozess anschaulich als eine große, horizontale Linie vorstellen, die links beginnt mit der Absicht, eine bestimmte Aufgabe an die Hand zu nehmen, und sodann, wie in einem Rollenspiel, die Handlungen und Entschlussfassungen als die einzelnen Akte des Planungsvorganges betrachten, der schließlich mit dem Baubeginn einen besonders intensiven und interaktionistischen Charakter annimmt. Auch mit der Vollendung des Werkes, des Baues oder der Sanierung oder worum es geht, endet unser Interaktionsprozess nicht. Vielmehr ist er um einige Mitspieler bereichert, nämlich die Nutzer des Gebäudes oder Werkes, und schließlich, wenn man das als eine Rolle auffassen darf, um das Werk selbst, das bestimmte Einflüsse ausübt und mit dem nun die Nutzer, Verwalter, Besitzer und so weiter in Interaktion treten.

Man kann die im Laufe des Entschlussfassungsprozesses anfallenden Entwurfsarbeiten, Expertisen, Planungen, Sitzungen und Beschlüsse formal oder juristisch darstellen; bei einer solchen Darstellung sieht es so aus, als ob die Entwerfer entwerfen, die Parlamente entscheiden, die Beamten verwalten usw. Solche formale Darstellungen dienen oft dazu, sogenannte Verantwortung festzustellen, das heißt, die Entlastung der wirklich Verantwortlichen. Indem das Parlament oder gar das Volk die Verantwortung übernimmt, sind natürlich sowohl die Beamtenschaften wie die Expertenstäbe gedeckt. Andererseits lässt sich das Parlament durch das vermeintliche Sachwissen der Experten inhaltlich abdecken: man hat eben zugestimmt, weil die Fachleute versichert haben, es gehe.

Interessanter ist wohl die soziologische Darstellung der Beschlussfassungsvorgänge, bei welchen die Scheidung in fachliche Ratschläge und sachliche Beschlussfassung verschwimmt. Das beginnt bei der Rollentrennung, wie sie uns in der Geschichtsstunde eingehämmert wurde, nämlich zwischen Legislative und Exekutive: Unsere Exekutiven befassen sich mit nichts so eifrig wie mit der Legiferation, und unsere Legislativen greifen fortlaufend in den Exekutivprozess ein. Dieses aber berührt uns hier weniger als die logische Unmöglichkeit einer Trennung zwischen Auftraggeber und Experten. Nach diesem Modell müsste der Auftraggeber eine geradezu paradoxe Figur sein: einerseits völlig ohne Fachwissen, so dass er unvoreingenommen die Ratschläge seiner Planer entgegennehmen kann, andererseits von einer überragenden Klugheit, so dass er sofort die vorgelegten Entwürfe untereinander abwägen und eine Lösung treffen kann. Würde sich ein Auftraggeber tatsächlich so verhalten, so wäre es wohl ebenso sinnvoll, anstelle seines Beschlusses eine Münze hochzuwerfen und nach Kopf oder Zahl zu entscheiden.

Wenn wir nun den Gang einer Entschlussfassung schildern wollen, so beginnen wir ganz am Anfang, also in einer Zone, wo noch gar nicht gewusst wird, wie man eigentlich handeln will. Das Handeln der Planungsträger, Städte, Regionen, Gemeinden, befasst sich immer mit konkreten Übelständen. Unsere Wirklichkeit ist aber angefüllt mit Übelständen, so dass zunächst einmal Konsens darüber hergestellt werden muss, welche Übelstande als solche anerkannt und damit bekämpft werden sollen. Hier scheint uns immer noch das Modell von Joseph Schumpeter am anschaulichsten: in der Politik kämpfen Politiker um Stimmen, indem sie Übelstände benennen und Abhilfe in Aussicht stellen. Diejenige Partei macht das Rennen, die am meisten Zustimmung bei der Schilderung der Übelstände erhält.

Die Übelstände sind unter sich unvergleichbar, ebenso ist durch kein objektives Maß entscheidbar, zur Bekämpfung welcher Übelstände die öffentlichen Ressourcen eingesetzt werden sollen. Man kann die Jugend fördern oder den Alten das Leben verschönen; man kann die medizinische Versorgung verbessern oder mehr für die Ausbildung tun. Man kann mehr Geld in die Kultur oder mehr in den Sport stecken.

Charakteristisch für die kommunale Politik ist es, dass die Fragen nicht in dieser allgemeinen Form gestellt werden. Infolgedessen werden auch die Antworten nicht in der Form rationaler Strategien erarbeitet. Vielmehr wollen wir zeigen, dass die ersten Planungsfehler schon dadurch entstehen, dass in der Benennung von Übelständen schon Rezepte für deren Bekämpfung stecken. Und wir wollen zweitens zeigen, dass diese Bekämpfung aus bestimmten, in der Interaktion begründeten Abläufen, gewöhnlich auf einen Bau hin tendiert.

Kein Politiker also sagt: wir müssten im östlichen Stadtquartier mehr für die Gesundheit tun. Vielmehr sagt er: Im Ostquartier braucht es dringend eine Quartierpolyklinik. Nirgendwo wird ausgesprochen, dass unter den heutigen Wohnbedingungen die alten Leute nicht mehr bei den Jungen wohnen können und dass durch ihre Isolation unnötig früh ein Pflegebedürfnis eintritt. Vielmehr erhebt ein Politiker die Forderung nach Altenheimen und er wird, sofern es ihm gelingt, dieses Issue zum Thema eines siegreichen Wahlkampfes zu machen, sein Versprechen mit dem Bau von Altenheimen einlösen.

Die erste Phase der Entschlussfassung ist also dadurch gekennzeichnet, dass Übelstände benannt und sie zu einem politischen Thema gemacht werden. Mit in dieser Benennung steckt nun schon das, was man die „Lösung“ nennt, nämlich das Rezept der Abhilfe. Dieser Prozess ist linguistischer Natur: dadurch, dass die Benennung Anschaulichkeit besitzt, tendiert die Öffentlichkeit schon auf eine bestimmte, nämlich sichtbare Art der Abhilfe, nämlich auf einen Bau.

Übelstände entspringen gewöhnlich nicht einer einzigen Ursache, und deshalb ist auch die Bekämpfung durch eine einzige Maßnahme vermutlich nicht die geeignetste Form. Vielmehr bekämpft man sinnvollerweise Übelstände durch Strategien: Solche sind Maßnahmenbündel in geeigneter Dosierung. Den Verkehr in den Innenstädten beruhigt man sinnvollerweise nicht durch Fußgängerzonen, sondern durch eine Kombination von bremsenden Maßnahmen, Anhebung der Benzinzölle, Verteurung des Parkierens, Einführung von Einbahnstraßen, Bevorzugung des Taxiverkehrs, Verbesserung der Straßenbahnen, Verminderung der Ballung von Zielen durch die Dezentralisation …

Übelstände werden in der Praxis deshalb durch Baumaßnahmen bekämpft, weil Strategien unbeschließbar oder undurchführbar sind. Zum einen lassen sich die notwendigen Maßnahmen nicht aufeinander abstimmen und nicht gleichzeitig beschließen, weil sie von verschiedenen Organen des Staates durchgeführt werden müssen. Sodann sind die demokratischen Bremsmechanismen unterschiedlich wirksam; einige Maßnahmen können öffentlich bekämpft werden, andere nicht. Infolgedessen droht die Strategie nur trümmerhaft durchgeführt zu werden und deshalb zu unberechenbaren Folgen zu kommen. Demgegenüber ist ein Bau in der Regel durchführbar. Vom Augenblick seiner Bewilligung an sind die öffentlichen Beschlussfassungsverfahren stillgelegt; die Befehlsketten werden einfacher; Bauten werden nur in den allerseltensten Fällen unterbrochen oder gestoppt.

Wenn wir jetzt von der Entstehung der Lösung, der sogenannten, sprechen, so müssen wir noch einmal zurückkommen auf den Unterschied zwischen formaler und soziologischer Beschreibung des Entschlussfassungsprozesses. Die übliche Auffassung vom Beschlussfassungsprozess ist die dezisionistische: der Vertreter des Souveräns gibt den Auftrag, der Fachmann arbeitet eine Lösung aus und der verantwortliche Vertreter des Souveräns beschließt die Ausführung oder weist das Projekt zurück. Auf den Einwand hin, das der Verantwortliche in seinen Beschlüssen nicht souverän sei, da er ja nur zu einer vorgeschlagenen Lösung ja oder nein sagen kann, und also der Fachmann dennoch Macht ausübe, wird gewöhnlich die Hilfskonstruktion der Alternativen hinzugefügt: der Fachmann legt dem Entscheidungsberechtigten mehrere Entwürfe vor und dieser bestimmt einen davon zur Ausführung.

Gegen die formale Darstellung des Entscheidungsvorganges gibt es eine Reihe von Einwendungen. Der Auftraggeber ist nicht bar jedes Fachwissens; er lenkt den Experten in eine bestimmte Richtung, allein schon dadurch, dass die Kredite für die Ausarbeitung der Lösung zweckbestimmt sind. Der Experte kann nicht jede mögliche Lösung bis zur Lösungsreife weiterverfolgen, er erhält Weisungen, in dieser oder jener Richtung noch weiter zu suchen, in einer dritten und vierten aber nicht, da das aus diesem oder jenem Grund „nicht gehe".

Der Experte seinerseits ist auch bezüglich der politischen Möglichkeiten nicht mit Blindheit geschlagen. Selbst wenn der Auftraggeber ihm keine bestimmte Richtung für seine Recherchen vorschlägt, ahnt er wohl, welche Lösungen unter den gegebenen Umständen in Frage kommen und welche nicht. Bezeichnend erschien hier ein Ausspruch des Ingenieurs Leibbrand anlässlich der Vorführung einer seiner „Gesamtkonzeptionen". „Im Grunde genommen weist die schließlich gefundene Lösung kaum von der Vorstellung ab, die sich bei mir schon anlässlich meines ersten Spaziergangs durch die Stadt gebildet hatte, den ich in Begleitung des Baudirektors vornahm."

Was nun die Möglichkeit von Alternativen anbelangt, so ist darüber schon vieles geschrieben worden, und ich verweise auf die Spezialliteratur. Das Idealbild, nach welchen ein Fachmann mehrere gleichwertige Lösungen mit bestimmten Vorteilen und Nachteilen vorlegt, diese einem Verantwortlichen zur Beschlussfassung übergibt, kann auf verschiedenen Ebenen in Zweifel gezogen werden.

Erste Zweifel kommen schon auf der Ebene der klassischen Logik: der Verantwortliche müsste gleichviel Vorwissen haben wie der Fachmann. Überdies müsste der Fachmann das gesamte erarbeitete Material dem Entscheidungsberechtigten eintrichtern. Wenn das aber möglich wäre, dann bräuchte es eine Arbeitstrennung zwischen Fachmann und Entscheidungsberechtigtem nicht. Das Problem scheint auf dieser Ebene noch einigermaßen einfach, wenn es sich um einen einzelnen Entscheider handelt. In der Praxis sind es oftmals mehrere, wobei diese unterschiedliche Wissensvoraussetzungen und Standpunkte einnehmen, also etwa die Vertreter verschiedener Parteien.

Schon jenseits dieser klassisch/logischen Position befinden sich die Fragen nach der Art der Reduktion der Information des Fachmannes an die Entscheider. Wenn der Entscheidungsberechtigte nicht das gesamte Wissen des Experten in seinem Kopf verarbeitet, welchen Teil desselben wählt er dann aus? Vermutlich sind ihm diejenigen Argumente besonders eindrücklich, über welche er schon Erfahrungen hat, oder welche mit seiner politischen Position oder Parteizusammenhängen, oder die leicht begreiflich sind.

Die schwerwiegendere Reduktion der Information aber findet nicht im Kopf des Entscheidenen statt, sondern in dem des Experten. Was sagt er überhaupt, und was verschweigt er? Hier müssen wir zwischen verschiedenen Formen der Selektion unterscheiden, wie sie von den Fachleuten gegenüber ihren Auftraggebern vorgenommen wird. Die Selektion kann bewusst sein: bestimmte Dinge werden gesagt, andere nicht. Ich wohnte einmal als ungebetener Zuhörer einer Führung bei, bei welcher der Stadtplanungsarchitekt einer Stadt den Stadtvätern die Ergebnisse eines Architekturwettbewerbes erläuterte – es handelte sich um eine Universität. Ein Verfasser war so kühn gewesen, ein System von inneren Erweiterungen und Anbauten vorzusehen, wie dieses einem fortgeschrittenen Stand der Universitätsplanung der sechziger Jahre entsprach. „Ach, wissen Sie“, so sagte der Stadtplanchef „wenn einmal die Fassaden dastehen und die Blumenrabatten davor angepflanzt sind, dann lässt man nicht gleich wieder die Kräne auffahren und baut etwas an; das wäre schade.“

Man sah förmlich, wie sich vor den Augen der Regierungsräte ein von Pneuraupen durchfurchtes Rosenbeet auftat – und das Projekt war erledigt.

Auch die Experten sind nicht Einzelpersonen, sondern arbeiten in Stäben. Zugezogene Experten sind auf bestimmte Weise eingebunden in den Beamtenstab und abhängig von diesem. Die Organisationssoziologie untersucht, wie Lösungen in solchen ineinander verwobenen Stäben entstehen. Selbst von effizienten kommerziellen Konzernen wird berichtet, dass ihre Stäbe das Innenklima des Verwaltungsapparates unbewusst höher einschätzen als die Wirksamkeit der Lösung. Entscheidungen, oder Fehlentscheidungen, von Kollegen werden respektiert. Man schafft Präjudizien und faits accomplis, um einmal getroffene Entscheidungen irreversibel werden zu lassen und alternative Lösungen zu verunmöglichen, welche zugunsten von Varianten sprechen, die bei Arbeitskollegen nicht beliebt sind, werden nicht nach oben weitergegeben.

Am stärksten aber vermindert sich die Zahl der ausgearbeiteten Alternativen durch das, was man bei Fachleuten die „Erfahrung" nennt. Beschreibt man das Entwerfen als einen Suchprozess, der immer wieder zu Weggabelungen führt an welchem verschiedene Lösungen möglich sind, von welchen einige zum Ziel führen, andere in Sackgassen enden, so kann man die Erfahrung als die Fähigkeit beschreiben, schon zu anfang des Entwurfes diejenigen Straßen zu erkennen, welche tatsächlich zu Ergebnissen führen. Schon im Unterricht spürt der Student – wenigstens auf konventionellen technischen Hochschulen – den einengenden Druck dieser Erfahrung. Er macht ein paar Striche an der erhaltenen Aufgabe, und schon rät ihm der Assistent: Mach das weg, das mag der Alte nicht sehen.

Wir wollen nicht leugnen, dass sich in den Gehirnen großer Meister bewundernswerte heuristische Prozesse abspielen, bei welchen tatsächlich schon zu Beginn des Entwurfsvorganges mögliche Lösungen gesehen und andere ausgeschieden werden. Wer aber sagt, dass die „anderen" tatsächlich unmöglich wären? Die Erfahrung erweist sich hier als eingespannt zwischen zwei Extremen: der genialen Eingebung einerseits und der phantasielosen Routine andererseits. Und angesichts des mangelnden Genies vieler unserer Entwerfer ist die Erfahrung wohl näher in der Routine. Wie ist ein Unvermögen, noch zu lernen, wo man doch seine Berufserfahrung schon hat und sie auch in einträglicher Weise verwerten kann.

Unsere Betrachtung findet sich immer noch in einem frühen Stadium des Entwurfsprozesses, nur allmählich nähert sie sich den Ausführungsplänen und Ausführungsbeschlüssen und dem Bauprozess selbst. Auf diesem Wege gilt gesamthaft das zweite Parkinsonsche Gesetz, das besagt, dass Beschlüsse umso eifriger diskutiert werden und umso mehr Geld für Recherchen ausgegeben wird, je mehr schon präjudiziert ist und je weniger weittragend sie noch sind. Von den Plänen für das neue Bezirkskrankenhaus lässt sich die Baukommission sehr bald überzeugen; wenn es aber den Kauf der Waschmaschine für den Hausmeister dieses Krankenhauses geht, dann sind plötzlich alle Kommissionsmitglieder Experten und der Beschluss muss vertagt werden.

Gegen Ende des Beschlussfassungsprozesses geht es gewöhnlich um die Frage der sogenannten Einsparungen. Auch diese Debatte vollzieht sich in einer Phase, bei welcher Einsparungen nur noch eine geringe Auswirkung von wenigen Prozenten annehmen können. In dem Büchlein „Bauen ein Prozess“* haben wir ausführlicher die Tendenz dieser Einsparungen beschrieben: als das „unnötige“ wird gewöhnlich das allgemein Brauchbare aufgefasst, sodass die Einsparungen den Bau höher spezialisieren – und ihn damit rascher vergänglich werden lassen. Man hat vielfach kritisiert, dass die öffentliche Hand zu aufwendig baue und luxuriöse Paläste aus öffentlichen Geldern entstehen lasse. Experten sollen beurteilen, in welcher Weise an öffentlichen Bauten gespart werden könnte – jeder Laie sieht, dass es Einsparungen gäbe. Die wesentlichen Fehler, die nicht nur mit einigen Prozenten zu Buche schlagen, entstehen aber in einer Phase weit vor der Bauausführung. „Bei einem vollständigen Verzicht auf den Bau kann man sogar 100% der Baukosten einsparen“, höhnte einmal ein Architekt, der sich angegriffen fühlte. In der Tat kann man das, denn die teuersten Bauten sind diejenigen, die es gar nicht gebraucht hätte. Und wir sind bereit, eine Reihe von solchen aufzuzählen. Aus diesem Grunde haben wir auch den Anfang des Beschlussfassungsprozesses, der uns besonders wichtig erscheint, ausführlicher beschrieben.

Man könnte die Kette der Interaktionen um die Beschlussfassung im Bauwesen mit der Erstellung des Baues enden lassen. Was ein richtiger Architekt ist, so erscheint er noch zur Schlüsselübergabe, schickt zur Bauabnahme einen Angestellten und kümmert sich im weiteren nicht mehr um die Sache. Der Bau indessen lebt und führt ein interaktives Dasein mit Nutzern, Besitzern, Behörden. Die Nutzer ziehen ein, die ersten Baufehler kommen an den Tag, manche der im Voraus angenommenen Gegebenheiten treffen zu, andere widersprechen den Vorstellungen, welche zu dem Bau

* Bauen – ein Prozess, Lucius Burckhardt / Walter Förderer, Teufen 1968.

geführt haben. Und schließlich ändert die Zeit manche Gegebenheiten und der Bau wird unpraktisch: er kann ungenutzt, umgebaut oder abgebrochen werden. Dieses weitere Stück der Interaktion im Bauwesen behandeln wir in einem besonderen Kapitel „Denkmalpflege".

Hier noch einige Worte zu einer Diskussion, die Christian Hunziker in Straßburg begonnen hat: er zeichnete und schrieb ein vergnügliches Heftchen über *Fehler in der Architektur – Graves Fautes en Architecture*. Unsere Ausführung über den Beschlussfassungsprozess sollten eigentlich schon gezeigt haben, dass der Begriff des Fehlers das nicht deckt, was im Bauwesen zu unbefriedigenden Lösungen führt. Wenn wir aber einen Augenblick den Begriff des Fehlers akzeptieren, so müsste unterschieden werden zwischen Fehlern, die von Einzelpersonen gemacht werden und solchen, die in Stäben geschehen. So wäre nochmals ein Licht geworfen auf die linguistische Determinierung der Beschlussfassungsprozesse.

Es gibt Fehler von Einzelkämpfern, großen Meistern und erfahrenen Fachleuten: diese Fehler entstehen dadurch, dass die Vision des Entwurfes nie zum Begriff gerinnt; die Intelligenz dieser Entwerfer liegt im Zeichenstift, nicht im Gehirn. Weil sie während des Entwurfes niemandem Rechenschaft schuldig sind, haben sie es nicht nötig, ihre Absichten in Worte zu fassen.

Den Untergebenen aber, sofern solche, etwa zum Zeichnen, beschäftigt werden, werden dunkle Anweisungen gegeben: „So geht das doch nicht, das sehen Sie doch; das geigt doch nicht zusammen, machen Sie's doch anständig!" – So tönen diese kaum verbalisierten Gefühlsäußerungen. Demgegenüber wird in Stäben verbalisiert – und die Fehler entstehen genau dadurch, dass die Visionen vorzeitig zu Mitteilungen werden und sich davon nicht mehr erholen. Denn voll verbalisierbar sind die Vorgänge nicht, die sich beim Entwerfen fortlaufend abspielen, und zu viel Arbeitsteilung kann ebenso wohl zu „Fehlern“ führen wie die Abwesenheit von Rechenschaft und Verantwortung.

## Endprodukt des Planens: Der Plan

Wir haben die Mechanismen aufgezeigt, welche dazu führen, dass sich alle Planungen in sogenannten Lösungen niederschlagen, großen Eingriffen, normalerweise in der Form von Bauwerken, welche das ursprünglich anvisierte Problem möglicherweise bis zu einem gewissen Grade mildern oder wenigstens beeinflussen, die aber andere, unvorhergesehene Wirkungen haben. Haupt- und Nebenwirkungen bringen es mit sich, dass alle diese Eingriffe irgendwelchen Personen oder Bevölkerungskreisen nützen und anderen schaden. Um die Zustimmung zu erringen, brauchen solche Eingriffe also eine Legitimation. Diese Legitimation finden sie im Hinweis auf den Gesamtplan, deren Bestandteil sie angeblich sind. Im Augenblick scheint es vielleicht unangemessen, dass ich meine Wohnung verliere im Hinblick auf eine Straßenverbreiterung, die gar nicht nötig ist und im übrigen bei der nächsten Kreuzung schon endet, im Hinblick aber auf die gesamthaft sanierte Stadt werde ich dann den Sinn meines Opfers schon erkennen. Auch von den Gefallenen eines Krieges hofft man ja, dass sie so einsichtig sind, zu erkennen, dass das Wohlleben der Überlebenden ihr Opfer wert war.

Die Legitimation durch den Hinweis auf eine Gesamtkonzeption ist ein Teil der Ideologie von Mittel und Zweck. Im Rahmen der größeren Idee erscheint das zweckhafte Eingreifen auf unterer Ebene als Mittel, um den Gesamtplan zu vollenden. Nicht damit mein Nachbar auf seiner Fahrt zum Geschäft frühmorgens dreißig Sekunden spart, musste ich meine Wohnung verlieren, sondern im Hinblick auf einen gesamthaft fließenden Verkehr, der angeblich unzählige Wartezeiten verkürzt und damit die Produktivkraft der gesamten Region –

angeblich – erhöht. Dass in Wirklichkeit nicht die Produktivkraft, sondern der Verschleiß angeheizt werden soll, versteht sich nebenbei.

Die Gesamtkonzeption also legitimiert den baulichen Eingriff. Wenn wir unsere Städte durchwandern, so bemerken wir, insofern wir informiert sind, dass sie durchsetzt sind von den Denkmälern angefangener und nicht vollendeter Gesamtplanungen. Was wir so gemeinhin das „Stadtbild“ nennen, ist nichts anderes als der Ausdruck solcher steckengebliebener Konzeptionen. Ein gutes Merkmal: Brandmauern deuten darauf hin, dass irgend jemand der Meinung war, eine Bauzeile werde hier fortgesetzt. Wieviele schöne, verputzte, abblätternde, bemalte, mehrmals übermalte und wieder abblätternde Brandmauern bieten sich doch in unseren Städten dem am Tachismus geschulten Fotographenauge dar!

Die Gesamtplanungen werden nicht „vollendet“ – aus mehreren Gründen. Wir haben an anderer Stelle ausführlicher darüber geschrieben. Zum einen ist die Vorstellung von Vollendung und Endzuständen überhaupt irreführend. Die Wirkungen der schon unternommenen Maßnahmen – und aller übrigen im Lauf der Planungszeit eintreffenden Geschehnisse – treiben die Entwicklung vom angenommenen Zielpunkt weg. Zudem hatte ja die Annahme einer Gesamtkonzeption ohnehin nur rechtfertigenden Charakter. Die Rechthaberei bzw. die effektive Kraft der Lenkungsorganismen geht nicht so weit, dass das Werk auch dann vollendet wird, wenn diejenigen Teile, die legitimiert werden sollten, durchgesetzt worden sind. Schließlich sind es auch die Planermoden, die wechseln, und damit die Philosophien, die hinter den Gesamtkonzeptionen stecken. Auch dieser Wechsel der Ideologien kommt nicht von ungefähr, sondern von den negativen Auswirkungen, wie sie die schon begonnenen Planungen ausüben. Das Publikum ist auch nicht blind und die Behörden müssen um Stimmen kämpfen, so kommt es, dass die Ziele nicht nur zurückgeschraubt, sondern sogar in anderen Richtungen aufgestellt werden müssen.

Gescheiterte Gesamtkonzeptionen gibt es nicht nur in der Stadtplanung sondern auch in der Hochschulplanung, die ja ein beliebtes Übungsfeld der Stadtplanung ist. In der Schweiz können die Fehlkonzeptionen der Hochschulplanung am Hönggerberg und der Universitätsplanung am Strickhof schon besichtigt werden. Was die ETH anbelangt, so besteht der Fehler darin, dass hier allein bauliche Probleme angepackt worden sind. Auf dem Hönggerberg wurde ein riesiger Vorrat an Gebäuden geschaffen, und in der Innenstadt wurden die alten Hochschulgebäude, einst wunderbar flexible und vielfach verwendbare Flächen, in unsinniger Weise auf eine bestimmte Nutzung, nämlich auf die Lehrstoffvermittlung in Großvorlesungen, hin umgebaut. Heute fehlen sowohl die Studenten als auch das Geld, um den geschaffenen Raum überhaupt sinnvoll auszunutzen.

Die Universität Zürich in zwei Hälften zu schneiden war von allem Anfang an unsinnig. Damit aber die hochgestochene Gesamtkonzeption dennoch durchgesetzt werden könne, schuf die Kantonsregierung einen rollenden Finanzierungsfonds, der künftige Einsprüche ausschließen sollte. Damit machte sie den Zürcher Universitätsbau zum Musterbeispiel dafür, dass nicht die Launen der Demokratie, sondern die Unfähigkeit der Planer selbst das Erreichen der Vollendung einer Gesamtkonzeption verhindern.

Die ETH-Zürich konnte baulich „vollendet“ werden, wenn auch nicht in sinnvoller Weise, weil die bauliche

Anstrengung in einem Zug durchgezogen wurde, weil die berühmten 555 Millionen vom Bund aufgebracht worden waren. Die Universität Zürich endet vermutlich in der ersten Etappe und gleicht so stadtplanerischen Unternehmungen, die in Etappen aufgeteilt worden sind. Daraus kann man zwei Lehren ziehen: einmal diese, man kann soviel tun, wie man im Augenblick zu bezahlen bereit ist. Alle Bindungen künftiger Zahlungen sind problematisch. Und zweitens: die Legitimation der geplanten Maßnahmen soll nicht aus einer imaginären Gesamtkonzeption gezogen werden, sondern aus ihrer Notwendigkeit hier und jetzt. Wie aber kann diese Legitimation festgestellt werden? – Antwort: durch die Dezentralisation der Entscheidungen nach Ort und Zeit.

Es ist kein Zufall, dass die Bewegung der Dezentralisation in den zentralistischen Ländern, in Italien und Frankreich, ihren Anfang nimmt. Denn die Erfahrung, die diese Länder mit dem fiktiven Charakter zentraler Entscheidungen gemacht haben, müssen von anderen offenbar noch nachgeholt werden. Und noch ein tieferer, ein historischer Grund steckt dahinter. In Deutschland, Österreich und in der Schweiz erscheint die Dezentralisation im historischen Gewande des Föderalismus und ist deshalb eine Bewegung von rechts. In Frankreich und Italien ist der historische Föderalismus mit der nationalen Einigung untergegangen, und die zentralisierende Bestrebungen sind frei von Romantik und Stammeskult und kommen in der Regel von links. Dieses Phänomen ist nicht neu und schon gar nicht ein Produkt erst der neuen Linken von 1968. Schon vor dem ersten Weltkrieg haben in Italien die linken Flügel der Mittelparteien eine Opposition gegen die totale Zentralisation aufzubauen versucht. Nach dem Zweiten Weltkrieg waren es die Kommunisten und in neuester

Zeit die Sozialisten, welche, angesichts des Versagens zentraler Lenkungsmechanismen, die Nöte des Volkes auf der Ebene des Volkes und der lokalen Situationen anzugehen versuchen.

Das Beispiel der Emilia Romagna und der Stadt Bologna ist bekannt. In den sechziger Jahren ist von dort aus ein großer Impuls ausgegangen, und seit 1971 ist Bologna auch zum Mekka der Stadtplaner geworden. Diesen Besuchern ging es vor allem um die zwei Schwerpunkte Bolognas: die Quartierdemokratie einerseits und den umfassenden Denkmalschutz – als einen Gebäudeschutz zugunsten und mit Hilfe der Bevölkerung – andererseits. Nicht immer wurde auch der größere Rahmen gesehen: Die Demokratisierung und die Delegation von Macht von oben nach unten erfolgte auf drei Ebenen. Auf der obersten Ebene durch die politische Ausstattung der Region selbst, die Funktionen übernehmen soll, wie sie früher von Rom her ausgeübt worden sind. Sodann auf der Ebene des Comprensorio, des Stadt-Umland-Verbandes, der die Stadt und ihre effektiven Wohn- und Wachstumszonen wieder unter einen Hut bringen soll, unter eine Verwaltung, die ebenfalls mit Kompetenzen ausgestattet ist. Und erst an dritter Stelle erfolgt unterhalb der Ebene der Stadt die Bildung von Quartieren, die dann im Rahmen des Comprensorio mit Vororten gleichgestellt sind.

Übergeordneter Gedanke ist dabei – im Falle der Emilia Romagna – nicht in erster Linie die Demokratisierung der Stadtplanung von Bologna, sondern vielmehr die Nivellierung des Gegensatzes von Stadt und Land durch die Dezentralisation der Infrastruktur, vor allem der zentralen Einrichtungen Bolognas auf Zonen der Provinz, die noch gar keine Ausstattung mit höheren Dienstleistungen besitzen.

Insofern nehmen die Planungsmaßnahmen der Emilia Romagna Entscheidungen vorweg, wie sie ein dereinst verwirklichtes sozialistisches Regime durchführen müsste. Als Maßnahmen aber einer sozialistischen Regierung im kapitalistischen Staat beruhen die Planungen von Bologna auf der Absicht, durch die gleiche oder wenigstens ähnliche Ausstattung aller Quartiere mit Infrastruktur die Lagevorteile und damit die Bodenrente weitgehend auszugleichen.

Es ist bekannt, dass die quartierweise Verwaltung Bolognas nicht so weit ging, den Quartieren selbst eine eigene demokratische Beschlussfassung zuzugestehen. Die Quartierräte Bolognas waren von der zentralen Stadtregierung ernannt und aus Personen gebildet, die den Beschlüssen der Stadtverwaltung zustimmten – von welchen sie ohnehin nur Kenntnis zu nehmen hatten. Den weiteren Schritt zu tatsächlich beschlussfähigen Quartierräten tat die Stadt Pavia. Sie ist gegenwärtig das wohl interessanteste Beispiel für die Demokratisierung der Stadtplanung. In ihr können die Spannungen, die sich zwischen einer in Gesamtplanungen denkenden Stadtverwaltung und den Bedürfnissen eines einzelnen Quartiers auftun können, deutlich studiert werden. Wenn auf den städtischen Vorschlag einer Straßenverbreiterung vom Quartierrat die Antwort kommt, alles, was es brauche sei ein Radfahrstreifen, so ist dieses ein zwar simples, aber lehrreiches Beispiel. Anhänger einer orthodoxen Stadtplanungstheorie können darauf hinweisen, dass dieses Beispiel gerade zeige, wie aus der Summe der Partialinteressen nie ein übergeordnetes und kohärentes Werk entstehen könne. Anhänger aber der Richtigkeit lokaler Bedürfnisse werden der Meinung sein, dass sich hier nun einmal Gelegenheit biete, zu sehen, welches die wahren Bedürfnisse der

Leute seien, wenn man sie wirklich fragt. Und wenn ihre Antwort mehr als deklamatorischen Charakter hat. Bemerkenswert an Pavia ist jedenfalls, dass hier einmal bewusst die Konflikte sichtbar gemacht und die Diskussionen nicht verschleiert geführt werden.

In der Bundesrepublik regte sich ebenfalls – gegen Ende der sechziger Jahre – ein erster lokalmotivierter Widerstand gegen überbordende Planungsmaßnahmen. Es gelang aber weder eine politische Integration dieser Kritik noch wurde ihnen eine institutionalisierte Gelegenheit zur Teilnahme eingeräumt. Und dort, wo solche Versuche zur institutionalisierten Partizipation gemacht wurden, geschah es nur, um die lokalen Bürgerinitiativen zu entmachten und, wie man in der Bundesrepublik sagt, „in den Griff zu bekommen". Ganz im Gegenteil hatten in der Bundesrepublik lokale Bürgerinitiativen und studentische Aktionen nur dann Erfolg, wenn sie wirklich spontan und überraschend eingriffen. Es entwickelte sich zwischen Bürgerinitiative und Verwaltung ein Wettlauf ähnlich dem des Swinegel und des Hasen. Bürgerinitiativen gewannen dort eine Aktion, wo sie sie mit Phantasie und Überraschung vorbereitet und schlagartig durchgeführt wurden. Jedes Mal aber merkte sich die Verwaltung den angewandten Trick und lernte aus ihrer Niederlage. Dieselbe Überraschung konnte kein zweites Mal zum Ziele führen. Insofern bedeutete auch jede Anerkennung einer Bürgerinitiative auch gleich deren Ende.

Bei den Bestrebungen, stadtplanerische Entscheidungen wieder realistischer zu gestalten und sie näher an das tatsächliche Geschehen heranzuführen, ist die räumliche Dezentralisation nur eine Maßnahme. Ebenso wichtig ist ihre zeitliche Erstreckung. Dabei denken wir gerade nicht an Etappen im konventionellen Sinne, an die übliche Aufteilung großer Maßnahmen in zeitlich aufeinanderfolgende Abschnitte, bei welchen man annimmt, dass die Nachfolger dann die von uns heute vorbereitete Planung brav ausführen werden. Wir haben gesehen, dass gerade diese Etappisierung nicht zum „Ziele“ führt. Vielmehr ist hier die Rede von Etappen, an welchen die Konkretheit der vorliegenden Planung endet und zugegeben wird, dass die weitere Zukunft noch nicht überblickt werden kann, Etappen also, nach welchen neu beschlossen werden muss.

Wer Planungen kennt, der muss sich eigentlich wundern, wie selten darin solche auf die Zeit bezogenen Angaben enthalten sind, und wie selten der Planer zugibt, dass er den Verlauf des Geschehens nicht voraussehen kann. Das kommt wohl daher, dass der urbanistische Planer wohl gelernt hat, mit dem Raum umzugehen, nicht aber, die Zeit zu überblicken. Die Zeit wird vom Planer lediglich als ein leeres Verstreichen von Zwischenräumen gesehen, in welchen sich allenfalls die Kassen auffüllen, um neue Investitionen vorzunehmen, oder die Einwohnerbestände um weitere Ausdehnungen zu verwirklichen. Am liebsten aber würde der Planer den Endzustand, das berühmte Jahr Z 2 der schweizerischen ORL-Planung, schon verwirklichen.

Unter diesen Aspekten erscheint die gegenwärtige Planung lediglich als ein „time sharing“, als ein Überspringen der Zeit von heute bis zum Planungshorizont. Dass die Zeit der Planung selbst die eigentliche Zeit unseres Lebens ist, dass unser Leben nicht in der Zeit nach der Verwirklichung, sondern in der Planungszeit abläuft, für diese Tatsache scheint das Gefühl zu fehlen. Der deutlichste Ausdruck dieses Fehlens sind jene Tiefbahn- und U-Bahn-Planungen, bei welchen ganze Straßenzüge jahrelang geöffnet als Baugruben daliegen, weil sie vorher offenbar vom Verkehr verstopft waren. Ist die Grube dann zugeschüttet und die U-Bahn im Betrieb, so sind die an der Straße befindlichen Geschäfte längst geschlossen, weggezogen oder Pleite gegangen.

Das Planen mit Alternativen ist heute in aller Munde. Um über Alternativen zu entscheiden, braucht es aber Information. Je mehr Zeit verstreicht, desto besser sind wir informiert, desto eher können wir eine Situation wirklich beurteilen. Infolgedessen ist das planmäßige Hinausschieben von Entscheidungen die beste Planung.

Planer lassen sich als „mutig“ bejubeln, wenn sie hastige Entschlüsse treffen: Der „mutige“ Planer ist derjenige, der mit wenig Kenntnissen viel entscheidet. Tatsächlich aber sollte der Planer nur diejenigen Fragen entscheiden, die im Augenblick entschieden werden müssen, weil sie nicht aufgeschoben werden können. Sein Entwurf müsste also darin bestehen, diejenigen Fragen auszusondern, deren Behandlung noch nicht an der Zeit ist; anstelle der beliebten Netzpläne über den Einsatz von Mitteln müssten Netzpläne über die letzte Fälligkeit von Entscheidungen erstellt werden. Hinausschiebende Planung ist auch eine Demokratisierung der Planung. Jede Entscheidung verfügt über Personen, die an dieser Entscheidung nicht mitwirken konnten, sei es, weil sie nicht gefragt wurden, sei es, weil sie physisch dazu noch gar nicht in der Lage, ja dass sie noch gar nicht geboren sind. Das Hinausschieben der Entscheidung bedeutet, dass mehr Betroffene partizipieren können.

Ingenieure und Planer beklagen oft die angebliche Unfähigkeit der Öffentlichkeit, „bei der Stange zu bleiben“, also große Werke über längere Zeiten hin positiv zu unterstützen. So wurde die Autobahn beispielsweise zu Anfang gefordert, dann aber zunehmend abgelehnt, und die konkrete Durchsetzungsmöglichkeit von Reststücken wurde immer schwieriger. Heute erzeugt der bloße Anblick von Betonbauwerken und Asphaltflächen Aversion gegen Dinge, die vor zehn Jahren noch gefordert worden sind.

Dieses Verhalten der Öffentlichkeit hat zeichentheoretische Gründe. Die gebauten Objekte informieren über ihren Zweck nicht direkt, sondern ihr Aussehen vermittelt weitere, konnotative Informationen. Die Lesbarkeit dieses Zeichensystems beruht auf einem inoffiziellen Konsens, der Veränderungen unterworfen ist. So übermittelten die ersten kreuzungsfreien Anlagen der Autobahnen nicht nur die Information „Hier kannst Du ungebremst kreuzen", sondern auch: „Hier entsteht ein Stück Zukunft".

Nachdem sich nun diese „Zukunft" als auch mit einer Kehrseite behaftet gezeigt hat, kehrte sich diese konnotative Information ins Gegenteil um und heißt heute so ungefähr: „Schon wieder ein Bauernhof mit Asphalt zugedeckt". So erklärt es sich, dass sogenannte zweite Etappen ihre Legitimation nicht aus der bloßen Existenz der ersten Etappe beziehen. Vielmehr urteilt die Gesellschaft in jedem Augenblick nach neuen Kosten-Nutzen-Relationen, und hat auch das Recht dazu. Die kritiklose Akzeptierung von vermeintlichen Geschenken des Fortschritts, die sich später als bequem für Minderheiten, schädlich aber für Mehrheiten erweisen, gelingt den Behörden nur noch im Falle der einmaligen Überrumpelung.

Kann man an ein Kapitel, das von Desengagement und Dezentralisation handelt, noch einen Abschnitt über Regionalismus anhängen? Damit kompromittiert man doch die ganze Argumentation; der Leser merkt plötzlich, worauf die ganze Argumentation hinaus will – hat er es doch schon geahnt: auf bloße Ästhetik, dazu noch auf eine konservative, ja reaktionäre. Regionalismus in der Baukunst ist heutzutage doch durch nichts mehr gerechtfertigt. Wer sollte für wen regional bauen, wo alles mobil ist, wo jeder zweite ein Zuwanderer ist und zudem wieder auf Abwanderung sinnt? Wie soll denn das aussehen, wo doch die Materialien heute überall zu haben sind und keine Region mehr vorzugsweise am Sandstein oder am Backstein hängt? Gegenüber dem Regionalismus wenigstens ist doch – bei allen Schwächen – der internationale Stil ein Fortschritt gewesen, den wir weiter verfolgen wollen.

Das Wirtschaftswunder der goldenen sechziger Jahre hat das Geschäft des Fortschritts zur Genüge besorgt. Es hat mit zeitweisem Erfolg und teilweise irreparablen Schäden das Volksvermögen zu vernichten gewusst: das Volks-Vermögen im doppelten, in dem von Rühmkorf entdeckten Sinne – den Reichtum sowohl wie das Können des Volkes.

Mit dem Abbau regionaler Eigenheiten verschwand also nicht etwa der Rückschritt, sondern es verschwanden die Ansätze der Emanzipation, der Selbsthilfe und des Könnens aus der lokalen Tradition, aus dem Baubestand und aus der kleinen, dafür aber verfügbaren Werkzeugkiste. Vielleicht sind aber nicht einmal die Bautechniken der eigentliche Ausgangspunkt für Regionalismus. Was unsere Neubauquartiere so unerträglich einheitlich macht, sind ja meistens die sogenannten Umgebungsarbeiten: wo die Dampfwalze der Gartengestalter einmal ihr Verbundpflaster und ihren Kotoneaster ausgelegt hat, da ist zwischen Nordsee und Alpen alles gleich geworden. Regionalismus beginnt also schon da, wo kleinste Ansätze von Landschaft, etwa ein ehemaliger Graben oder eine kleine Geländeerhöhung, zum Ansatz genommen werden, lokale Eigenart weiter aufzubauen und auszubauen.

Lokales aus der Landschaft aufbauen – das tönt schon wieder ganz fatal. Denn wie der Leser dieser Texte noch merkt, existiert Landschaft nicht außerhalb unserer Köpfe, sondern ist viel mehr ein Produkt unserer Wahrnehmung und Beurteilung. Landschaft ist also aus Elementen aufgebaut, die sehr nahe dem „Wesentlichen" und „Eigentlichen" liegen, was in der Tat zum muffigen Regionalismus der Diktatoren und ihrer Schulmeister führen kann. Denn auch das Unwesentliche und damit die Minoritäten haben ein Recht auf Existenz.

Regionalismus ist sicherlich ein deutsches Trauma. Architektur „nach Stämmen" ist eine Erbschaft des Nationalsozialismus, und die die regionale Landschaft bejahenden „Kulturarbeiten" sind auch nicht über allen Verdacht erhoben. Muss das so sein? – Ein Architekt aus einem anderen ehemals faschistischen Land, Álvaro Siza, behandelt das Thema weit unbefangener. Er unterscheidet den abstrakten Regionalismus der Diktaturen, der dadurch entsteht, dass aus angeblich heimatlichen Elementen ein angeblich volkstümlicher Brei gemacht wird, und andererseits den realistischen Regionalismus, der durch die Praxis des Bauens mit den Leuten entsteht. Diese Praxis orientiert sich nicht allein an der lokalen Vergangenheit, sondern zeigt offen die Spannungen und Konflikte auf, zwischen Klassen, zwischen Regionen, zwischen Baumethoden.

Mit der Architektur Konflikte sichtbar machen – ist das mehr als nur eine schöne Floskel? – Bei Álvaro Siza wohl. Er baute eine Arbeitersiedlung in ein Quartier, das die Salazar-Regierung gerade wegzusanieren im Begriffe war, als sie gestürzt wurde. Die Mauerreste der halbwegs zerstörten Häuser blieben als Andenken an die unterbrochene Sanierung „von oben“ zwischen den bescheidenen Neubauten stehen: sichtbar gemachter Konflikt.

## Der Baubestand – wichtigster Teil des Volksvermögens

In ihren Verbandsorganen bezeichnen sich die Architekten gerne als die „Treuhänder des Bauherrn“. Entsprechend müssten auch die Tiefbauingenieure Treuhänder des Staates, also des gesamten Volkes sein. In diesem Sinne, nämlich eines Treuhändertums gegenüber dem Auftraggeber, wäre die Lehre von der Architektur nichts anderes als die Lehre von der Nutzung, Erhaltung und allenfalls Erweiterung des Gebäudebestandes.

Architekturschulen aber lehren etwas ganz anderes. Ihre Aufgabenstellung geht nach dem Prinzip: „Jugendzentrum am Paradeplatz“. Gegeben ist ein – gegenwärtig bebautes und genutztes in der Aufgabe aber als leer angenommenes – Gelände; gestellt ist eine Aufgabe ohne Rücksicht auf ökonomische und soziale Zustände. Es wird nicht diskutiert, ob das Gelände erhältlich wäre, ob es am Paradeplatz Jugendliche gibt, ob das Bedürfnis nach Jugendzentren nicht in den Arbeiterquartieren größer wäre. Der Treuhänder des Bauherren wird als Erfüllungsgehilfe des Bauherrn ausgebildet.

Ein wahrer Treuhänder würde seinen Bauherrn folgendermaßen beraten: Gibt es vielleicht irgendwo ein Gelände mit einem Gebäude darauf, das bei geringen Veränderungen dem Zweck des Auftraggebers genügen würde?

Oder wenn der Auftraggeber schon eine Immobilie einbringt: mit welchen Veränderungen, sei es des Gebäudes oder sei es auf Seiten der Organisation der Nutzung, kann das Vorhandene optimal eingesetzt werden. – das aber würde eine Ausbildung erfordern, die nicht primär das Bauen als das Neubauen umfasst, sondern das Lösen organisatorischer Probleme. Unter den Aufgaben des so ausgebildeten Bausachverständigen würde der Neubau nur noch als Sonderfall auftreten.

Solche Gedanken werden heute in Architektenkreisen noch als bloße Bauverhinderung aufgefasst. Einen unnötigen Bau verhindert zu haben, müsste aber heute zu den großen Taten des Bauwesens gerechnet werden. Staatliche Ämter sowie Organisationen von Steuerzahlern sind heute auf der Spur der „Verschwendung im Bauwesen". In der Tat können dem öffentlichen Bauwesen zahlreiche Verschwendungen und unrationelle Vorgehensweisen nachgewiesen werden. Die größte Verschwendung ist aber der unnötig erstellte Bau, der Bau, der durch bessere Organisation in Kombination mit vorhandenen Räumen vermeidbar gewesen wäre.

Bauverhinderung hat zweifellos eine ökonomische Komponente. Da die Öffentlichkeit heute auf Energieverschwendung sensibilisiert ist, müsste das Bauen in Kalorien ausgedrückt werden. Dadurch könnten auch die buchhalterischen und geschäftlichen Umstände eliminiert werden, die es den potentiellen Bauherren so leicht machen, die Zerstörung von Bausubstanz als Gewinn darzustellen und zu behaupten, man könne sich die Erhaltung des Altbaues nicht leisten. Energiemäßig ist Zerstörung allemal ein Verlust.

Vielleicht denken nicht viele Bauherren primär an ästhetische Probleme. Dennoch bildet sich noch mancher ein, ein Altbau sei hässlich, und ein Neubau schöner, zumindest ordentlicher. Allmählich aber ändert sich hier auch die architektonische Ästhetik. Bisher galten nur Neubauten und sogenannt stilgetreu restaurierte Altbauten als schön. Unter dem Einfluss verschiedener Kunstströmungen und Kunsttheorien wächst unsere Aufnahmefähigkeit auch für die Schönheit des veränderten Baues, für die Ablesbarkeit von Zeitabläufen an

Bauten. Dieses betrifft nicht nur die natürliche Einwirkung der Zeit, also die Abnützung und die Patina. Vielmehr ergibt auch die positive Auseinandersetzung mit baulichen Gegebenheiten unter neuen Umständen, also der Umbau, emanzipatorische ästhetische Informationen ab.

Die Art und Weise, wie sich der Mensch sparsam mit neuen Situationen auseinandersetzt, wie die frühe Christengemeinde Reste eines Tempels in ihre Kirche aufgenommen hat oder wie sich eine Gruppe junger Leute in Teilen einer alten Fabrik häuslich eingerichtet haben, ist schön.

So ökonomisch die Orientierung unseres Zeitalters ist, so wichtig werden auch ästhetische Probleme genommen. Nicht die Verpflichtung zum Energiesparen, nicht der Mieterschutz, nicht Bestrebungen zur Erhaltung des Bauhandwerks verhindern Abbrüche, sondern es kämpfen hier zwei ästhetisch orientierte Organisationen, denen man vor 15 Jahren kaum mehr Bedeutung beimessen wollte, Denkmalpflege und Heimatschutz, an vorderster Front. Wie schon einmal zur Zeit der Wende zum 20. Jahrhundert findet sich die Avantgarde der Architektur zusammen mit den Gebäudeerhaltern.

Um ihre Aufgabe erfüllen zu können, muss aber die Denkmalpflege ihr Begriffssystem und damit auch das Feld ihrer Tätigkeit gewaltig erweitern. Diese Erweiterung betrifft sowohl den zu schützenden Bestand und die als wertvoll empfundenen „Baustile“, als auch die Art der Erhaltung, die Strategien: an die Stelle einer „Rettung des Bauwerks vor den Nutzern“ tritt die Erhaltung durch die Nutzung. Denn der zu rettende Gebäudebestand hat heute eine Ausdehnung, welcher eine Aufhebung der Nutzung oder auch nur eine Reduktion nicht zulässt.

Eine erste Ausdehnung des Denkmalbegriffs betrifft den damit gemeinten Gebäudebestand und die als erhaltenswert taxierten Baustile. Das rasche Tempo der Veränderungen in den 1960er Jahren brachte es mit sich, dass in der Öffentlichkeit ein Bedürfnis nach Erhaltung schlechthin entstand. Die Veränderungen können nicht mehr wahrgenommen werden, wenn nicht ein Teil der Umwelt unverändert bleibt; allzu radikale Wandlungen, die nicht mehr an einem bestehenden messbar sind, erzeugen Unsicherheit und Desorientierung. Deshalb können Bauten und andere Elemente als erhaltenswert erscheinen, die dieses von einem konventionellen Kunstwertbegriff her nicht sind.

Damit wird aber das wichtigste Instrument der Denkmalpflege gegenstandslos, nämlich die „Liste". Konventionelle Denkmalpflege arbeitet mit Verzeichnissen schützenswerter Bauten, die nach bestimmten Prinzipien aufgestellt sind. Kriterien sind einmal der kunstgeschichtliche Wert, und sodann, was immer schon fragwürdig war, die Einmaligkeit des Bauwerks – in einem Dorf darf eine Mühle abgebrochen werden, wenn es deren zwei gibt. Es kann also nicht mehr um eine Liste geschützter Bauwerke gehen, wodurch der übrige Baubestand als nicht schützenswert diskriminiert ist; vielmehr ist eben der Baubestand prinzipiell schützenswert, und der Abbruch müsste Gegenstand eines Verfahrens werden.

Mit zu dieser Entwicklung beigetragen hat die schon erwähnte „Umsemantisierung", die in unseren Augen gewandelte Bedeutung „unbedeutender" Architektur. Fabriken, Mietskasernen und Bankiersvillen aus der Gründerzeit waren bisher nicht nur ohne kunstgeschichtliche Bedeutung, sondern sogar mit negativen Zeichen aufgeladen. Sie erinnerten an unwürdige Arbeitsplatz- und Wohnverhältnisse sowie an Repression und ungebildete Protzerei. Aufgrund komplizierter gesellschaftlicher Prozesse hat sich diese Konnotation aufgehoben und teilweise in ihr Gegenteil verkehrt. Die Studenten, die 1968 im Frankfurter Westend alte Bankiersvillen besetzt und bewohnt haben, freuten sich nicht nur an der dadurch bewirkten Popularisierung von Herrschaftssymbolen; – teilweise war ihnen die ursprünglich angemaßte Herrschaftlichkeit gar nicht mehr bewusst, sondern das 19. Jahrhundert erschien ihnen schon, in allen seinen Formen, als vertraut und wohnlich, als Symbol gegen die Brutalität modernen Betons. Die Behörden der Denkmalpflege schützen heute – ich kritisiere das nicht, sondern stelle nur fest – mit Stukkaturen überladene Gebäude der Gründerzeit, die das genaue Gegenteil kunstgeschichtlich wertvoller Baudenkmäler darstellen: an der Kritik solcher Bauten hat sich der moderne Baustil entwickelt. Dennoch stellen wir heute fest, dass diese Bauten in ihrer Gesamtheit eine ästhetischere Wirkung ausüben als Gesamtheiten von Neubauten.

Damit kommen wir auf ein neues, die „Liste“ ergänzendes Instrument der neueren Denkmalpflege, das zwar gegenüber früher einen Fortschritt darstellt, dennoch aber kritikwürdig bleibt: das Ensemble. Immerhin ist mit dem Begriff des Ensemble das läppische Kriterium der Einmaligkeit in Frage gestellt. Noch aber bezeichnet das Ensemble nicht das, was eigentlich geschützt werden sollte, was der Betrachter eines städtischen oder dörflichen Zusammenhangs als eigentlich angenehm empfindet: nämlich das Environment. In der praktischen Denkmalpflege wird Ensembleschutz verstanden als ein etwas herabgesetzter, gemilderter Schutz von Bauwerken, der dafür über größere Stadtpartien, ganze Straßenzüge etwa, ausgedehnt werden kann. Geschützt wird aber immer nur Gebautes, also mit Baumaßnahmen schützbares. Über die Nutzung und soziale Bedeutung von Ensembles ist durch diesen Schutz noch nichts ausgesagt. Das eigentlich mit Ensemble gemeinte, nämlich etwa der kleinbürgerliche Charakter einer Altstadtpartie, die spezifische Mischung von Handwerk und kleinen Läden, wie sie den Einkauf angenehm machen, oder etwa im Dorf die bäuerliche Nutzung, sind mit Ensembleschutz nicht zu erhalten.

Insbesondere stellt sich hier der Denkmalpflege das Problem der Mischung. Man denkt gewöhnlich, dass nichts natürlicher sei als die städtische Mischung von Gewerben und Läden, und es seien die bösen Großkonzerne, welche diese vertreiben. Das ist aber nur die halbe Wahrheit. Die städtische Bodenrente und andere Faktoren haben immer einen ordnenden, also entmischenden, Einfluss ausgeübt. In einer bestimmten Zone der Stadt sind die Liegenschaftspreise so, dass sich nur Banken ansiedeln können, an einer anderen Stelle ist oder war es geeignet für bestimmte Läden und Handwerke. Metzgergasse, Sattlergasse, zeugen davon, dass diese Sortierung von altersher bestand. Wie also entsteht Mischung? – Mischung entsteht durch Entwicklung, durch Abfolge in der Zeit. Wir finden es praktisch, neben dem Reisebüro einen Buchhändler zu finden. Der Buchhändler aber ist „noch“ da, das Reisebüro „schon“. – Wie erhält man also Mischung? – Nur dadurch, dass man den Entwicklungsprozess zwar bremst, aber doch noch offenhält. Blockt man ihn ganz ab, so entsteht wiederum eine Homogenität derjenigen Betriebe, die unter dieser Blockierung existieren können.

Auch ästhetisch muss sich die neue Denkmalpflege in ihrem Horizont erweitern. Bisher war sie eine Tochter der Kunstgeschichte und folgte deren primärem Kriterium: der Stilreinheit. Infolgedessen waren die Eingriffe der Denkmalpflege korrigierender Art: typisch war das „Zurückrestaurieren" später angebrachter „Stilfehler", was zur Folge hatte, dass jede Generation die angeblichen Dummheiten der gerade vorausgegangenen wieder korrigierte. Dieses Spiel ging leider auf Kosten der alten Substanz.

Heute wissen wir, dass der Stil nicht in den Bauwerken, sondern in unseren Köpfen zu suchen ist. Stilkriterien ändern sich im Laufe der Kunstgeschichte; passt man diesen Änderungen gleich die Bauten an, so zerstört man sie. Außerdem – es brauchte einen amerikanischen Architekten, uns dieses zu lehren – ist uns Stilreinheit nicht mehr das ausschließliche Ideal. Vielmehr erzeugt gerade die Abweichung vom Stilideal – Complexity and Ambiguity – Information und damit Kunstgenuss. Diese Abweichungen sowohl im ursprünglichen Bau wie in späteren Veränderungen begründet sein. Die Vermutung, am Anfang jedes Baues liege ein Urzustand, und sei es auch nur in der nicht-verwirklichten Zeichnung des ersten Baumeisters, und dieser sei wiederherzustellen, ist falsch. Ebenso falsch aber ist die Vernichtung von späteren Zutaten. Ein Bau hat Geschichte, und diese Geschichte lässt sich nicht auf eine Nullzeit zurückdatieren. Aber noch oft genug verbraucht die Denkmalpflege ihre materiellen Mittel dadurch, dass sie unter riesigen Kosten imaginäre oder meinetwegen auch nachweisbare – Urzustände herstellt.

Schließlich muss sich eine erweiterte Denkmalpflege insbesondere mit den Ursachen der Gebäudezerstörung befassen. Wind und Wetter, der Zahn der Zeit greifen die Gebäude an, gewiss, die eigentlichen Zerstörer sind ökonomischer und sozialer Natur. Die städtische Bodenwerterhöhung – erzeugt durch die hohe Ausstattung mit Infrastruktur – setzt den Wert des auf einer Parzelle stehenden Gebäudes herab bis auf negative Größen. Das Grundstück lässt sich leer besser verkaufen als mit dem Bau. Aufgrund dieses ökonomischen Gesetzes haben die sechziger Jahre in unseren Städten weit schlimmer gewütet als die Bombenangriffe des Zweiten Weltkriegs.

Eine andere Ursache der Gebäudezerstörung ist die Wohnbauförderung. Denn sie ist, wie ihr Name sagt, nicht eine Wohnförderung, sondern eben eine Bauförderung. Die gleichmäßige Förderung des Wohnungsbaues hat heute, wo in Europa die Einwohnerzahlen nicht mehr steigen, einen Leerwohnungsbestand erstellt, und wird diesen noch erweitern, der nur besetzt werden kann aufgrund von Umsiedlungen. Die Bevölkerung, die noch in den billigen Altwohnungen sitzt, muss dazu bewogen werden, Neubauten zu beziehen. Dieses aber erreicht man in der Regel nur durch die Zerstörung der Altbauten.

## Baurationalisierung und Volksverdummung

Hier soll noch einmal auf das Bauwesen hingewiesen werden, dieses Fabeltier, das in so hohem Maße die Denaturierung der Architektur einerseits, die Zerstörung der Bausubstanz – des wertvollsten Teils des Volksvermögens – andererseits auf dem Gewissen hat. In den Jahren 1950 bis 1970 erfolgte eine gewaltige Ausdehnung des Bauwesens. Die damals entstandenen Kapazitäten waren so abenteuerlich finanziert, dass eine starke Abhängigkeit von der Regelmäßigkeit der einlaufenden Aufträge entstand. Diese Regelmäßigkeit konnte nur auf zwei Gebieten erreicht werden: einerseits durch öffentliche Aufträge, also durch die Verfilzung von Bauwesen und Behörden, und andererseits durch den Großsiedlungsbau, der seinerseits wieder eine Verfilzung von Bauunternehmer und Bewilligungswesen zur Voraussetzung hat.

Illustrativ ist in der Schweiz das Beispiel Ernst Göhners. Dieser Mann, der ursprünglich eine Sägerei sein eigen nannte und darin begann, Formfenster herzustellen, geriet infolge der übermäßig raschen Ausdehnung seines Geschäftes in eine besonders starke Abhängigkeit: seine Fabriken verloren schon an Rendite, wenn nur die Bauteile, die sie herstellten, nicht immer in den gleichen Proportionen abgenommen wurden. Zum Ausgleich der notwendig auftretenden Bestellungslücken war Göhner gezwungen, sein eigener Auftraggeber zu werden. Aber auch hier konnten Störungen auftreten: nicht immer war „Bauland“ bereit, auf welchem die nötigen Bewilligungen zur richtigen Zeit schon vorlagen. Göhner wurde also zum Großaufkäufer von Land, wobei zunächst von „Bauland“ nicht gesprochen werden kann, da die Göhnerschen Bauten gewöhnlich nur dann rentierten, wenn als Nicht-Bauland eingekaufter Boden bebaut werden konnte. Infolgedessen war Göhner gezwungen, in noch nicht beplante Gebiete auszuweichen und dort selber den Planer zu spielen.

Schließlich aber musste auch dafür gesorgt werden, dass die erstellten Wohnungen Bewohner finden. Denn wer will freiwillig in jene Zonen ziehen, in welchen weder mehr die Vorteile der Stadt noch jene des Landes zu geniessen sind? Zu Beginn der sechziger Jahre sorgten innerschweizerische Migrationen für Bevölkerungsnachschub. Die Großstädte waren bewohnt und zugleich wirtschaftlich in Expansion begriffen; Bevölkerung aus den Entleerungszonen der Schweiz, dazu die Gastbevölkerung aus Südeuropa, zogen in die Siedlungen, die im Umkreis von 30 km um Zürich und Basel erstellt wurden. Nachdem zu Ende der sechziger Jahre deutlich wurde, dass weder mehr ein Bevölkerungswachstum noch – im bisherigen Ausmaß – ein Wirtschaftswachstum stattfinden wird, konnte die notwendige Bevölkerung nicht mehr durch Migration vom Lande in die Stadt, sondern nur noch von der Stadt an den Stadtrand gewonnen werden.

An den nach Zürich führenden Radialstraßen wohnen insgesamt etwa 100.000 Menschen. Wenn dieses System von Zubringerstraßen den angeblich „Notwendigkeiten des Verkehrs“ angepasst würde, dann bräuchte man sich um neue Mieter nicht mehr zu sorgen. Infolgedessen verstärkte sich der stadtplanerische Druck in dem Maße, wie die Notwendigkeit für die Notwendigkeit für diese Stadtplanung sank. Stadtplanung wurde zum Mittel der Obsolescence der Bauten selbst. Und zur Sicherung dieses selbsttätigen Mechanismus sind die stadtplanerischen Kommissionen auch entsprechend mit Fachleuten besetzt: die Stadtplanungskommission

Zürichs besteht aus drei Architekten, drei Ingenieuren, einem Baujuristen und nur zwei mehr oder weniger unabhängigen Fachleuten.

Doch das selbsttätige Förderungssystem des Bauwesens erschöpft sich nicht im Gebiete der Stadtplanung. In den folgenden Kapiteln zeigen wir weitere Mechanismen auf, die wir hier schon nennen wollen.

Der erste dieser Mechanismen ist die Professionalisierung der baulichen Tätigkeit. Bauen, die natürlichste Tätigkeit der Welt, wird auch in jenen Teilen zu einem Beruf gemacht, die von jedermann beherrscht werden können. Das beginnt mit dem geheimnisvollen Code der Bauleute: dem Plan. Pläne sind das A und das O des Bauwesens und obwohl sie, in dieser Ausschließlichkeit genommen, keineswegs eine geeignete Information über die künftigen Eigenschaften von Bauten sind. Ursprünglich dienten sie wohl mehr dazu, Anweisungen des Architekten an den Maurer und Zimmermann zu übermitteln. Heute aber dienen sie der Verständigung der Architekten untereinander in ihren verschiedenen Eigenschaften als Vertreter des Bauherrn, Entwerfer und Bewilligungsbehörde, und überdies dazu, dem Kunden seine berufliche Unzulänglichkeit nachzuweisen.

Wer eben Pläne nicht lesen kann, so sagt man, der merkt eben nicht, wie dieser Eingang gemeint war. Deshalb eben hat der Kunde einen Eingang bekommen, den er gar nicht wollte und der auch unpraktisch ist. Warum aber musste diese Information über einen Plan gehen? In Worten ausgedrückt hätte die groteske Fehlplanung viel rascher deutlich werden können. „Man betritt das Haus und muss dann gleich drei Stufen abwärts, dann geht es zwei Meter geradeaus und man stößt an eine Wand. Zur zweiten Türe gelangt man, indem man sich auf dem Absatz um 90 Grad dreht und dann, während man die Türe öffnet, drei Schritte rückwärts macht" – ist das nicht klar? Weshalb also dann das Geheimnis des Planes?

Die Professionalisierung bringt auch den Schutz bauhandwerklicher Tätigkeit, die jedermann ausführen könnte, wenn nur die Bauteile so beschaffen wären, dass sie leicht verarbeitet werden könnten. Wir werden hier auf die stillschweigende Übereinkunft zwischen dem zuliefernden Installationsgewerbe und dem verarbeitenden Handwerk – das gar kein Handwerk mehr ist – noch zurückkommen.

Auch die staatliche Normung tut das Ihre zur Professionalisierung. Gerade diejenigen baulichen Tätigkeiten, die vom Nutzer selber ausgeführt werden könnten, sind staatlichen Konzessionen unterworfen. Die staatliche Normung aber hat noch einen anderen, viel direkter wirkenden Sinn, nämlich die Erzeugung von vorzeitiger Alterung der Bauten. Alle Häuser sind veraltet, die den gesetzlichen Normen – bezüglich Feuersicherheit, bezüglich Installationen, bezüglich angeblichem Komfort – nicht mehr genügen. Und da die Normen fortlaufen und verschärft werden, ist der jeweils gerade vor der Erneuerung der Normen erstellte Baubestand schon obsolet. Ein altes Haus in der Innenstadt soll renoviert werden: viele Leute haben sich in diesem Hause wohlgefühlt und auch für den Einzug nach der Renovation finden sich schon Anwärter. Aber: der Neigungswinkel der Treppe entspricht nicht mehr den Vorschriften. Ein vorschriftsmäßig gebautes Treppenhaus würde praktisch das ganze Haus ausfüllen. – Zugegeben: das ist ein Beispiel eines mittelalterlichen Hauses, ein Extrem. Aber ähnliches betrifft den Gebäudebestand der Gründerzeit, gegenwärtig noch das größte Refugium für einkommenschwache Mieter. Kaum verhüllt sprechen es die Verantwortlichen aus: das Baugewerbe kann in der gegenwärtigen Form nur weiter wirtschaften, sofern der Baubestand, der älter ist als dreißig Jahre, abgebrochen wird.

Eine Schlussfrage zu diesem Abschnitt: Inwieweit nützt denn überhaupt die gewollte Entmündigung des Nutzers, die Professionalisierung des Bauens, dem Bauwesen? Hier müssen wir wohl unterscheiden zwischen Bauindustrie und Bauhandwerk. Eine Bevölkerung, einschließlich der Mieterbevölkerung, welche etwas vom Bauen verstünde und auch das Recht hätte, nützliche Eingriffe, Ausbauten oder Reparaturen, an Gebäuden vorzunehmen, würde dem Bauhandwerk und dem Zuliefergewerbe nur nützen. Schaden nähme nur die Bauindustrie, die am stärksten an der selbsttätigen Förderung durch Bauzerstörung hängt. Nur dadurch, dass Bauhandwerk und Zulieferindustrien so stark auf Baumethoden der Großbauweise eingespielt sind, sind sie mit dem gegenwärtigen Bauprozess verhängt. Schon aber bildet sich, vielleicht gegenwärtig in ästhetisch nicht durchaus erfreulicher Form, ein auf die Bewohnerschaft als Kundschaft ausgerichtetes Gewerbe.

Wenn an einer kleinen Sägerei, die so aussehen mag wie vor 60 Jahren die Firma Ernst Göhner, zu lesen steht: „Türen und Fenster, Bedienung Samstags von 7 bis 22 Uhr“, so ahnt man, dass es hier um Selberbauen und Schwarzarbeit geht. Das gibt Hoffnung, auch wenn leider vorerst dadurch einige schöne alte Türen vor die Hunde gehen.

Wir brauchen nicht sehr weit aus unserem deutschen Sprachkreis wegzureisen, da beginnt ein Phänomen, das man eigentlich nur der dritten Welt zuordnet: das Squatting oder illegale Siedeln. Schon in Mailand und Turin siedeln Tausende von Arbeiterfamilien auf fremdem Land und in selbstgebauten Häusern, also illegal, wobei diese Bezeichnung nicht meint, dass sie nicht polizeilich gemeldet seien und etwa keine Steuern zahlen müssten. Sie meint nur, dass der Boden, auf dem sie siedeln, nicht gekauft wurde und das Gebäude, das sie errichtet haben, nicht bewilligt. Gehen wir etwas weiter südlich, nach Griechenland, in die Türkei, den vorderen Orient, Ägypten, Nordafrika oder gar südlich des Äquators in Afrika und Südamerika, so finden wir überall das selbe Phänomen: Bevölkerungsmassen, die zu den Städten strömen und sich auf fremdem Gelände Häuser errichten. In Istanbul und Umgebung wohnen 45% der Bewohner illegal, 40% der Wohnungen sind, auf den Papieren der Behörden, inexistent. In Ankara sind es noch mehr, über 60%, und diese inexistenten Quartiere haben teilweise städtische Versorgung, Wasser, Schulpflicht, Straßen, Steuerzettel und polizeiliche Überwachung. Diese letztere dient auch dazu, festzustellen, ob man nicht doch einige Häuser, ohne Verletzung der Solidarität der Squatter-Bevölkerung, zerstören könnte.

Solche Squatter-Quartiere sind keine Slums, und die dort wohnende Bevölkerung hat nichts zu tun mit der arbeitslosen Bevölkerung von Altstädten und den im Niedergang befindlichen Quartieren der großen Metropolen. Vielmehr bildet sich in den Squatter-Quartieren der Großstädte die aufstrebende Arbeiter- und Angestelltenbevölkerung der kommenden Jahrzehnte heran. Hier vollzieht sich, unter Opfern und Anstrengungen, der Aufstieg des zuwandernden Landproletariates zur industriellen Arbeiterschaft.

Dieser Prozess muss sich im Squatting vollziehen infolge des diskriminierenden Charakters des sozialen Wohnungsbaues. Der soziale Wohnungsbau geht aus von der Annahme eines Existenzminimums. Wir werden später noch zeigen, dass dieses Existenzminimum willkürlich, d.h. politisch festgelegt wird. Ein Paket von Komfortgütern mit bestimmten, durch Messung festlegbaren Eigenschaften wird zum untersten möglichen Lebensstandard eines Landes erklärt. Der soziale Wohnungsbau besteht nun darin, diesen Standard durch Zuschüsse in die finanzielle Reichweite einer etwas ausgedehnteren Bevölkerung zu bringen, als die es ohne diesen Finanzausgleich bezahlen könnte. Nirgendwo reicht aber die Verbilligung des Wohnens durch den sozialen Wohnungsbau dazu aus, auch die alleruntersten Einkommensschichten in den Genuss dieses privilegierten Wohnens zu bringen.

Infolgedessen öffnet der soziale Wohnungsbau einen Graben zwischen den Begünstigten und den eigentlich bedürftigen Schichten. Denn der Lebenskomfort nimmt infolge der Eingriffe des sozialen Wohnungsbaus nicht mehr proportional mit dem Einkommen ab; vielmehr ergibt sich ein Sprung zwischen der Lebensweise jener, die gerade noch, mit Hilfe von Zuschüssen und eigenem Einkommen, in den Genuss des „Existenzminimums" und jenen, die diese Hürde nicht schaffen und erheblich darunter bleiben. Damit erweist sich das Existenzminimum, wie es vom sozialen Wohnungsbau festgelegt wird, als eine Diskriminierung: der wirklich Arme steht nicht vor einem zwar schwer, aber doch mit einiger Anstrengung bezwingbaren Anstieg, sondern vor einer Hürde: entweder er nimmt sie in einem Satz oder er bleibt lebenslang davor sitzen.

Wir befassen uns mit dem Squatting nicht in der Meinung, dass wir dadurch in der dritten Welt etwas erreichen können. Vielmehr handelt es sich darum, von den Squattern etwas über die Benutzung von Häusern zu lernen. Das selbstgebaute Haus ermöglicht dem

Squatter deshalb den Ausweg aus seiner Misere und den Aufstieg in die Industrielle Arbeiterklasse, weil er den Ausbau und den Komfort nicht als gegebenes Paket, sondern allmählich übernehmen kann. Das illegale Siedeln zeigt den Zusammenhang von Wohnung und Familie, von Beruf und Existenz als einen einzigen, in der Zeit verlaufenden Prozess. Die konventionelle Wohnung, wie sie uns angeboten wird, kennt nur die zwei Stadien von Plan und Vollendung. Wir verkennen nicht die schweren Schicksale und entbehrungsreichen Leistungen, die sich hinter dem Squatting verbergen. Dennoch können wir an diesem Beispiel aufzeigen, wie sich Existenz, Lebensweise und Haus, allmählich und in harmonischer Weise verändern. Squatter sind Bauern in der Stadt; und selbst in unseren zivilisierten Mitteleuropa wollen ja die Geschichten nicht verstummen, dass dieser oder jener in einer Sozialwohnung Hühner im Badezimmer gehalten habe. Im Squatting vollzieht sich nicht nur der finanzielle Einstieg in die Stadt, sondern auch der kulturelle. Bauern werden Städter, und Bauern haben hier Zeit, Städter zu werden.

Noch zwei kurze Bemerkungen zum Squatting, bevor wir die Nutzanwendung für unsere eigenen Verhältnisse daraus ziehen. Wir wollen das Squatting nicht romantisieren: es ist kein Unterlaufen des Kapitalismus. Squatting ist vielmehr ein Phänomen im Kapitalismus selbst, und es ist teilweise durch den Kapitalismus erzeugt, wenn es auch ebenso in sozialistischen Ländern vorkommen mag. Infolgedessen muss man sich auch nicht wundern, wenn der Squatter selber, bei Gelegenheit, kapitalistisches Handeln zeigt. Illegale Grundstücke können gekauft, verkauft, gewinnbringend vermietet und gewinnbringend gekündigt werden. Man kann sich fragen, weshalb der eigentliche Besitzer des Grundstückes – meist der Staat, zuweilen aber auch private Großgrundbesitzer – das illegale Siedeln duldet. Illegales Siedeln ist in den meisten Fällen eine Aufwertung, und wer die kahlen, mit Zwergbüschen bewachsenen Hügel um Istanbul kennt, und dann die schattigen Obstbäume und Gemüsegärten der illegal besiedelten Teile sieht, der versteht wohl das langfristige Interesse des Grundherrn am Squatting. Und noch etwas: orthodoxe Sozialisten proklamieren, dass der Klassenkampf am Arbeitsplatz stattzufinden habe und nicht auf dem Gebiet des Wohnungswesens, wo sich, nach Engels, ein normales Tauschgeschäft abspiele oder, schlimmstenfalls, so etwas wie eine sekundäre Ausbeutung. Im Hinblick auf die dritte Welt sind solche Feststellungen ziemlich wertlos. Und auch bei uns ist der Wohnsektor ein Mittel, wenn nicht der Ausbeutung, so doch mindestens der Disziplinierung geworden, welche Ausbeutung erst ermöglicht. Denn mit der Wohnweise werden auch Kosten und Ausgaben erzeugt, für die Miete, für die Ausstattung, für Putzmittel, für den Wagen, der den langen Arbeitsweg ermöglicht, die es erst notwendig machen, überhaupt seine Arbeitskraft in dieser Weise verkaufen zu müssen.

Eine Wohnung ist ein Paket von Waren, und – wenn man so will, von Dienstleistungen und Organisationen. Der Warenkorb, der als Wohnung bezeichnet wird, ist historisch und regional verschieden. Der Herd beispielsweise gehört in manchen Regionen dem Mieter, in anderen ist er Bestandteil der Wohnung; zieht man von einer Region in die andere, so hat man unter Umständen einen Herd zu viel oder einen zu wenig.

Dieser Warenkorb Wohnung besteht aus Dingen, die an sich gar nicht aneinandergebunden sind. Dennoch muss man sich für die Annahme oder Ablehnung des gesamten Paketes entscheiden; – für die Annahme, wenn man überhaupt eine Wohnung will. In diesem Paket sind Güter von ganz unterschiedlicher Lebensdauer: die Mauern des Gebäudes halten sehr lang, auch der Kochherd mag Jahrzehnte überdauern, kurzlebiger ist schon der Eisschrank und rasch verschlissen der Spannteppich, den man ungewollt mit aufoktroyiert bekam.

Hinzu kommen Dienstleistungen und Verpflichtungen, die zwar kurzfristig sein könnten, aber künstlich langfristig gemacht werden. Zu gewissen, an eine Fernheizung angeschlossenen Eigentumswohnungen gehören beispielsweise ein Vertrag, dass bis ins Jahr 2020 kein anderes Heizungssystem benützt werden darf. – Auf welche Weise im Jahre 2020 ein Wohnraum gewärmt werden wird, weiß aber weder der Lieferant noch der Unterzeichner.

Die Verkoppelung der zur Wohnung gehörigen Güter zu einem Paket ist ein Werk des Bauwesens und bezweckt zweierlei. Zum einen soll durch die Bindung von Langlebigen an kurzlebige Güter die Gesamtwohnung rasch obsolet werden. Sobald der eingebaute Teppich verschlissen ist, können Mieter und Vermieter sich gegenseitig ins Gesicht schlagen, die ganze Wohnung sei überhaupt nicht mehr das neueste, und am besten wäre wohl eine gründliche Überholung, wenn nicht ein Abbruch. Auch Mieter machen dieses Spiel mit, weil sie nicht wissen, dass der Gewinner immer das Baugewerbe ist. Der zweite Zweck ist die immer höhere Investition in immer weniger Wohnungen. Das anlagesuchende Kapital kann sich nicht mehr durch Ausdehnung des Wohnungsbestandes verzinsen. Infolgedessen muss es den Wert der Wohnung erhöhen. Es muss die Wohnungen aus dem Angebot nehmen, die wenig Komfort enthalten, und solche mit mehr Kapital anbieten.

Auch dieses befördert den Verschleiß: Wohnungen, die noch keinen Herd mit automatischer Zeiteinstellung haben, erscheinen als obsolet. Spannteppiche, die nicht mehr genau der Graunuance entsprechen, wie sie im vergangenen Frühling von den teppichhändlerischen Architekten festgelegt wurde, sind nicht mehr akzeptabel. Der Mieter reklamiert, und der Gewinner ist das Bauwesen.

Die Lektion des Squatting an die Bewohner der hochindustrialisierten Welt lehrt uns die Rückkehr zu allmählich ausstattbaren Wohnungen. Eine Auflösung des festgeschnürten Paketes der zur Wohnung gehörenden Güter erlaubt nicht nur eine allmähliche Steigerung des Komfortes und damit eine Ausgabenpolitik der Familie, die dem Einkommen angepasst ist, sondern sie erlaubt auch eine individuelle Wahl – natürlich erfolgt sofort der Einwand, dass eine individuelle Ausstattung der Wohnung noch teurer kommt als das Warenpaket, das der Bauherr doch immerhin zu günstigeren Bedingungen als der Mieter einkaufen kann. Das mag im Einzelfall stimmen; was zählt, ist aber auch die mit dem individuellen Einkauf verbundene Eigenleistung, die mögliche Zeitverschiebung und schließlich die Befriedigung bei der eigenen Wahl.

Wir möchten aber noch einen Schritt weitergehen und nicht nur von den Komfortgütern der Wohnung sprechen, sondern von der gesamten Installation. Die Installation, die wir heute kennen, ist ebenfalls das Resultat einer historischen Entwicklung und zwar entstanden aus der Interaktion zwischen Zulieferindustrien und Baugewerbe – nicht ohne Beteiligung der Hintergrundinstitutionen des Bauwesens, der Hypothekenbanken, der Makler, der Versicherungen, der Bewilligungsbehörden.

Wie festgefügt dieses System ist, zeigt sich daran, dass sich eine eigene Ästhetik ausbildet. Wir meinen die Installation „unter Putz“: über Putz geführte Leitungen gelten als ein Zeichen von Verslumung und Niedergang, obwohl sie technisch wohl das bessere System darstellen und zudem ästhetisch ebenfalls bewältigt werden könnten.

Nehmen wir die beiden wichtigsten der beiden Installationssysteme, bei welchen sich eine eingespielte Struktur von Bauherren, Lieferanten, Monteuren, Kreditgebern und staatlichen Vorschriften ausgebildet hat: das Wasser und der Strom. Wenn wir unseren Garten bewässern, so benützen wir ein ganz einfaches, baukastenartiges System: wir setzen Schlauchteile und Verschlüsse nach Belieben zusammen. Ginge das nicht auch, mutatis mutandis, im Innern des Hauses? – Das wäre viel zu gefährlich, so sagt man uns. Das könnte einmal zu einer Überschwemmung führen. Die Vorschriften dienen dazu, dass sich jede möglich Öffnung so im Bereich eines Ablaufs oder Überlaufs befindet, dass nichts passieren kann. Nun ließen wir uns aber neulich eine Waschmaschine in die Küche stellen. Der Installateur verband die Waschmaschine mit der Wasserzufuhr durch einen einfachen Schlauch, dessen Verschlüsse nicht anders aussehen, als in unserem Garten. Das Genialste aber ist der Ablauf: er hängt normalerweise an einem Haken über dem Fußboden; schaltet man die Maschine ein, so hängt man diesen Ablauf über den Rand des Abwaschbeckens, sofern man es nicht vergisst. Schon zweimal ist uns eine ganze Waschmaschine voll Wasser in die Küche ausgelaufen, was aber weiter auch keine schlimmen Folgen hat.

Der Umgang mit den Installationen des Wassers wäre auch ungeschulten Leuten möglich. Der Wasserhahn, sein Verschluss, die Dichtung, oder der Ablauf, sein Siphon und dessen Dichtungen, der Verlauf der Rohre und ihre Fittings sind anschaulich und könnten leicht manipuliert werden. Aber gerade diese mögliche Brauchbarkeit für alle erzeugte eine künstliche Professionalisierung. Die Verschlüsse der Wasserhähne haben eine Form, die von gewöhnlichen Schraubenschlüsseln nicht geöffnet werden können. Das Design der Robinetterie verunklärt die Funktionen und sorgt dafür, dass sich ein Manipulieren durch Laien nicht bezahlt macht, da Kratzer und Abschürfungen die Folge sind.

Ähnliches gilt von der elektrischen Stromversorgung, die fast noch leichter zu handhaben wäre. Fast alle Bestandteile der Stromversorgung sind im Warenhaus käuflich zu erwerben. Nur ihre Manipulation ist verboten. Die offizielle Begründung lautet natürlich, dass eine Spannung von 220 Volt gefährlich sei und im Extremfall zum Tode führen könne. Das stimmt: aber braucht es für alle Geräte so hohe Spannungen? Haben nicht die meisten einen Transformator in sich, der die Spannung vor Gebrauch des Stromes herabsetzen muss? Geht es im Auto nicht auch auf der Basis von 12 Volt? Und dabei blendet ein Autoscheinwerfer weit stärker als eine Zimmerlampe.

Wir nennen das so entstandene System die Schein-Professionalisierung. Sie dient der Verdummung des Laien, die so weit getrieben werden soll, dass der einzelne Mieter nicht mehr beurteilen kann, ob ein Schaden noch reparabel ist oder nicht. Das Mittel dieser Verdummung ist ein irreführendes Design: anstatt Installationen anzubieten, deren Logik aus der Gestalt ersichtbar ist, spielt das Design ein Versteckspiel; gleich den Wasserspielen des Barock darf das Funktionieren nicht gezeigt werden, sondern allein die Wirkung soll überraschen. Und zur Sicherung der erreichten Verdummung wird dieses Design zur Norm erklärt: die Vorschriften des sozialen Wohnungsbaues verlangen die schlechteste Lösung der Installation, nämlich die Führung unter Putz. So führt der Unterbruch eines Kabels gleich zur Demontage der Mauer. Damit enthüllt sich auch das Ziel der falschen Professionalisierung: das Leben von Miethäusern zu verkürzen und dem Mieter die Urteilskraft zu rauben, die ihn das Spiel durchschauen ließe.

Squatting, selber bauen, mag für unsere Breitengrade ein Sonderfall, die Ausnahme sein. Für uns ist sie aber auch das Fanal der Deprofessionalisierung, die beginnen kann schon in der eigenen Haushaltung, gegenüber der Wohnung, dem Garten und den Nebengebäuden. Wer sich mit diesen Dingen selber beschäftigt, der erwirbt und erhält sich die Sachkenntnis, die ihn die künstliche Obsoleszenz durch das Bauwesen durchschauen lassen.

## Das Bauwesen meidet den Umbau

Man kann das Problem der Anpassung der Wohnung an die veränderten Zustände einer Familie im Laufe der Zeit auf den Wohnungsmarkt schieben: wem seine Wohnung zu klein oder zu groß wird, der soll umziehen. Das setzt einen sogenannten normalen Wohnungsmarkt voraus; an „normale" Zeiten vermögen sich aber die Älteren unter uns noch zu erinnern: sie fanden statt zwischen 1930 und 1933. Zeiten eines funktionierenden Wohnungsmarktes sind also Notzeiten; Notzeiten nicht nur für die Hausbesitzer, sondern vor allem für die Bewohner. In allen anderen Zeiten sorgt das im Bauwesen investierte Kapital dafür, dass ein Wohnungsmarkt schon gar nicht erst entsteht. Über die Mittel, welche für diese Kurspflege eingesetzt werden, brauchen wir hier nicht erschöpfend zu berichten.

Der Familienzyklus ist dadurch charakterisiert, dass er bei der Normalfamilie generell in zwei Phasen zerfällt: eine erste Phase der Familienvergrößerung, die verbunden ist mit Geldmangel und Raumbedarf, und in eine zweite Phase der Familienreduktion, im Mittelstand gleichzeitig die Phase des höchsten Einkommens bei stagnierendem oder zurückgehenden Raumbedarf. Das für jüngere Familien daraus entstehende Problem erscheint gemildert in Städten mit einem noch vorhandenen nicht renovierten Altwohnungsbestand; dort können durch billige Miete und Eigenleistung bei der Renovation größere Wohnungen beschafft werden. Bei stabilen ökonomischen Verhältnissen – im Falle beleihbarer Löhne – kann das Problem auch durch den frühzeitigen Bau eines Hauses bei starker Verschuldung gelöst werden; – allerdings mit der Kehrseite eines von da an sehr genau vorgezeichneten Lebenslaufes.

In den dreißiger Jahren existierte das Modell der Kleinsiedlung, bei welchem ein sehr kleiner Haustyp in Selbsthilfe gebaut wurde, der dann in ein – limitiertes – Eigentum des Erbauers überging, sodass das Haus durch Eigenleistungen weiter ausgestattet werden konnte. Man kann nun verfolgen, wie der geschilderte Familienzyklus – zunächst steigender und dann fallender Raumbedarf bei allmählich steigendem Einkommen im Mittelstand oder frühzeitig steigendem und dann eher fallendem Einkommen in der Arbeiterklasse – sich in Um- und Erweiterungsbauten äußert. Da zeigen sich nun drei Phasen: die Phase der Befriedigung des Raummangels, die Phase der Befriedigung des Komfortmangels und schließlich die Phase der Ausschmückung. Unter Umständen kann noch eine vierte Phase beobachtet werden: die Umbauten für den Generationenwechsel. Daraus ist zu ersehen: das in seiner Erscheinungsweise nicht selbstbestimmte Siedlerhaus hat dreierlei Mängel, nämlich Raummangel, Komfortmangel und ästhetische Mängel.

Der Rammmangel erweist sich als der dringlichste; er wird zuerst in Angriff genommen – durch den Anbau von Veranden, den Dachausbau und den Bau von Geräteschuppen oder Garagen. Der Komfortmangel, obwohl ebenfalls vom ersten Augenblick an vorhanden, wird zunächst zurückgestellt und erst in der zweiten Phase, mit steigendem Einkommen, bewältigt. In der dritten Phase folgen Veränderungen mit ästhetischem Charakter, wenn auch nicht ohne allen Nutzen: neue Eingänge mit Vordach und Windfang oder eine perfektere Gestaltung des ausgebauten Daches.

Das Beispiel zeigt, dass eine Entlastung der Anpassungsprobleme dadurch erfolgen kann, dass das festgeschnürte Warenpaket der modernen Wohnung, das als

Ganzes akzeptiert oder ausgeschlagen werden muss, eine Auflösung erfährt. Die Wohnung muss wieder zerlegt werden können in ihren Rohbau und die verschiedenen Teile des Ausbaues. Dabei sind wir nicht der Meinung, dass das Selberbauen eine allgemeine Alternative zum Wohnungsbau sei. Vielmehr betrachten wir es als einen Extremfall in dem weit größeren Komplex des sorgsamen Umganges mit Bausubstanz durch das Mittel des Umbaues.

Gerade aber die Instandhaltung und der Umbau, also die Art, wie sich der Baubestand durch die Anpassung an die Familienbedürfnisse erhält, wird durch die Gesetze und Bräuche des Vermietens verhindert. Das Umbauen wird dem Mieter dadurch abgewöhnt, dass er – bei einer Beendigung des Verhältnisses – seine Investitionen nicht nur verliert, sondern noch riskiert, dass er auf seine Kosten den vorherigen, und unter Umständen schlechteren Zustand wieder herstellen muss. In gleicher Weise bleibt er an einer selbsttätigen Instandstellung desinteressiert; Altwohnungen werden ja in der Regel ohnehin auf Abbruch vermietet, das heißt, es ist die Aufgabe des Mieters, die Wohnung kaputt zu wohnen, nicht, sie zu erhalten. Hier treffen sich die Interessen des spekulativen Hausbesitzers mit dem nachlässigen Mieter.

Wir stoßen hier auf das insgesamt gebrochene Verhältnis des Bauwesens zum Umbau. Für den einfachen Hausbesitzer, etwa den Bauern oder den Siedler, sind Nutzung und Umbau ein und dasselbe. Das Haus wird ständig gepflegt und repariert und ändert sich dadurch auch. Im entwickelten Bauwesen werden Bau, Umbau und Nutzung säuberlich getrennt. Die Nutzung tritt erst ein, wenn der Bau erstellt ist. Das heißt konkret auch: wenn man den Bau ausprobiert und die ersten Mängel bemerkt, dann ist der Baukredit aufgebraucht. Man muss also den Bau bis auf weiteres in seiner Unzulänglichkeit nutzen. – Auch buchhalterisch unterscheiden wir, vor allem bei öffentlichen Bauten, Bau und Betrieb. Beim Bau wird Geld verschleudert, tolle Ideen sind möglich, die sich später als überflüssig erweisen. Der Betrieb erfolgt sparsam. Hier werden keine Kredite für Ideen eingeräumt. Das Bauwesen will eben bauen, keinen sonstigen Verschleiß.

Mit der Zeit aber summieren sich die Unzulänglichkeiten so, dass eine Renovation und ein Umbau ins Auge gefasst werden. Wie spielt sich das ab? Im Falle eines Wohnhauses werden die Mieter gekündigt, im Falle eines öffentlichen Baues, einer Schule etwa, wird die Nutzung für mehrere Jahre eingestellt, die Nutzer verschwinden und die Architekten mit ihren tollen Ideen sind wieder da. Auch das Geld, das beim Betrieb so mangelte, fließt nun wieder. Dinge werden möglich, von welchen man vorher nicht geträumt hatte, weil man sie gar nicht braucht. Anderes, von welchem man wohl träumte, wird allerdings nicht verwirklicht, weil die Architekten von diesen Träumen gar keine Kenntnis haben, denn der Nutzer ist ja nicht mehr da. Erfahrung kann keine einfließen, denn immer, wenn gebaut ist, fehlt derjenige, der die Erfahrungen machen konnte, und wenn er wieder da ist, wird nicht mehr gebaut.

Zweifellos entspringt die negative Haltung zum Umbau auch einer bestimmten, überlebten Ästhetik. Es ist die Ästhetik der Urform, welche glaubt, dass der erste Entwurf in seiner vollen Reinheit das eigentliche Gebäude darstelle und jede Anpassung an die Brauchbarkeit die Schönheit mindere. Diese Ästhetik ist längst verblasst, ohne dass die Architektur es gemerkt hat: die Architekten selbst suchen seit Jahrzehnten Urlaubsorte aus, die sich durch pittoreske Umbautätigkeit auszeichnen: – wie viele Postkarten erhielt ich von den Fischerhäusern auf Santorin? Aber die Nutzanwendung geschieht am falschen Ort: wohl versuchen die Architekten, dass Motiv der Zufälligkeit in ihren Bau einzubeziehen und gewissermaßen von Anfang an umgebaute Gebäude zu errichten. Dabei vergessen sie aber, dass der Betrachter nicht den Zufall, sondern den Ablauf in der Zeit als jene interessante Information aufnimmt, welche ihm in Altstädten und Fischerdörfern dargeboten wird.

In Venedig zeigte die neue, links orthodoxe Stadtregierung ihre Programme zur Stadtsanierung. Sie wendet sich nun – richtigerweise – ab von den Kirchen und Monumenten und interessiert sich auch für die Wohnhäuser des Volkes. Dabei sucht sie diejenigen Häuser, die noch die ursprüngliche Gestalt bewahrt haben und will sie sorgfältig restaurieren; diejenigen aber, die in der Zwischenzeit umgeformt worden sind, will sie abbrechen und erneuern – richtig wäre doch wohl genau das umgekehrte Produkt, denn diejenigen Häuser, die keine Veränderung erfahren haben, sind einerseits verfallen, andererseits aber auch von der Konzeption her heute unbrauchbar. Die umgebauten Häuser sind aber gleichzeitig gepflegt; sie sind sowohl mit den notwendigen Erneuerungen ausgestattet als auch unterhalten. Zudem sind wohl sie es, welche den historischen Charakter der Straßenzüge beherrschen, indem sie den Zeitablauf sichtbar machen.

Das Paket, das die zur Wohnung gehörigen Gegenstände und Dienstleistungen abgrenzt gegen die freibleibenden, also gegen die Möbel und Gerätschaften des Bewohners, ist schließend, und in der jeweiligen Ausprägung historisch bedingt. Gegenwärtig ist das Bauwesen an der Ausdehnung dieser Grenze interessiert. Zur Pionierzeit, in den späten zwanziger Jahren, hatte die Ausdehnung des „Paketes Wohnung“ progressiven Charakter.

Im Bestreben, auf unnötigen, dem bloßen gesellschaftlichen Zwang entspringenden Luxus zu verzichten, forderte man die Reduktion der Wohnbedürfnisse auf einen allgemein verbindlichen Kanon messbarer Werte. Auf diesen minimalen Standard wollte man die besitzlosen Schichten anheben, gleichzeitig aber auch den Besitzenden zeigen, dass ein Absenken der materiellen Lebensäußerungen auf die tatsächlichen Bedürfnisse Energien im sozialen und künstlerischen Bereich freisetzt. Infolgedessen setzte die Kritik der fortschrittlichen Kreise insbesondere bei der Wohnungseinrichtung ein – im Visier hatte man vor allem die gute Stube, das Büffet, das Elternschlafzimmer mit dem geschnitzten Doppelbett und die überladenen Vorhänge. Diese Kritik gibt es auch heute noch; wollte man aber damals auch den Begüterten für praktische, industriell hergestellte, nicht mit historischen Konnotationen behaftete Ware interessieren, so heute eher an vorkapitalistischen Produktionsvorgängen, Eigenarbeit, Volkskultur, Einzelstücken. Damals wie heute ging es um die Rückkehr zum Gebrauchswert, um Dinge, die Bedürfnisse erfüllen.

Wer anderer Leute Wohnweise kritisiert, wer glaubt, eine richtigere Art des Wohnens zu kennen, der begibt sich auf das Glatteis eines scheinbar definierten Bedürfnisbegriffs. Wer kritisiert, dass der andere über Mittel verfügt, sie aber falsch einsetzt, der kennt offenbar die Bedürfnisse des anderen besser, als dieser selbst. Und wenn dann dieser andere versichert, dass die von ihm gewählte Wohnweise seinen Bedürfnissen entspreche, so bleibt dem Kritiker immer noch eine Bastion, um den

Angriff fortzusetzen: es gibt eben scheinbare Bedürfnisse und wahre Bedürfnisse.

Hier beginnt die klassische Diskussion über die Bedürfnissebefriedigung durch den Markt. Die liberale Position behauptet, der Markt orientiere sich an den Bedürfnissen, und wer das Warenangebot des Marktes kritisiere, oder das, was die Leute daraus gekauft haben, der wisse offenbar besser als die Leute selbst, was sie wollen. Er mache sich damit so lächerlich wie jener Hundefreund, der seinen Hund bedauert, wenn er Hundekuchen fressen muss, und ihm selbstgebackene Kekse verfüttert. Die Gegenposition behauptet, der Markt produziere nur Tauschwert, und man suche vergeblich nach Gebrauchswerten. Die Manipulation durch die Reklame sei derart, dass der Käufer Tauschwerte für Gebrauchswerte halte: dieses eben sei sein falsches Bewusstsein.

Die Reformer der zwanziger Jahre und nach ihnen nochmals die Neomodernisten der Nachkriegszeit standen auf dieser zweiten Position. Es ist die Position des „Welfare“ (Alexander Tzonis), welche weiß, was den anderen frommt, und dieses mindestens denjenigen Leuten aufbrummt, über die man verfügen kann, also den Armen.

Erst nach 1968 rückten die avantgardistischen Kreise von dieser Position ab und standen damit in einer schwierigen Situation: sie wollten einerseits davon abrücken, selbst zu wissen, was des anderen wahres Bedürfnis sei; sie wollten aber andererseits dennoch das von ihm gekaufte Warensortiment als das Ergebnis einer bewusstseinsmäßigen Manipulation decouvrieren. – Wenn man aber nicht mehr weiß, was denn das richtige Wohnen sei, wie kann man dann dem anderen sein Wohnen vorhalten?

Der Vorwurf geht dahin, das heutige Wohnen der Unterschichten bediene sich der ausgeliehenen Formensprache höherer Schichten und trage damit zur Dominanz eben dieser herrschenden Klasse bei. Es sei sozusagen der schwarze Gehrock, den der Bauer zu Festtagen trägt: indem sich der Bauer städtisch kleiden will, reizt er den Städter zum Lachen und vermehrt gerade die Deklassierung indem er sich integrieren will.

Angewandt auf die heutige Wohnung heißt dann, die sei die Schrumpfform der ausdifferenzierten großbürgerlichen Wohnung. Dieses erklärt auch das Paradox, das heute zwar mehr Menschen über mehr Raum verfügen als je zuvor, dass sie sich aber gleichzeitig alle eingeengt fühlen. Denn sie messen den Raum nicht daran, was sie früher hatten, sondern an dem Maß, in welchem sie ihr Wohnvorbild nicht erreichen. Und in dem Maße, als sie sich eingeengt vorkommen, sind sie deklassiert. Gesellschaftliche Verhältnisse bilden sich dadurch ab, dass Bedürfnisse kulturell überformt werden. Unser Bedürfnis, den Hunger zu stillen, führt nicht dazu, dass wir den häuslichen Eisschrank plündern, sondern zur Abhaltung einer Mahlzeit am richtigen Ort zur richtigen Zeit und in der richtigen Form. Ebenso führt die Notwendigkeit des Wohnens zu einer sozialen Demonstration: Wohnen bedeutet etwas, man kann sagen: Wohnen ist Sprache. Mit der Wohnung schafft man sich eine Ambiance, in der man sich sozial sieht und auch gesehen wird; auf dem Hintergrund der eigenen Wohnung kann man sich so darstellen, wie man sich eingeordnet sehen möchte und die Besucher spielen mit.

Wenn aber das Wohnen in dieser Weise soziale Bedeutung hat, also Information enthält, dann unterliegt es auch dem Gesetz der Information: es braucht einen

Anteil an Redundanz – im Falle des Wohnens eben an Nachahmung von Vorbildern.

Jenseits des Paketes der Wohnungsgüter und den eigenen Gerätschaften nehmen auch Organisationszustände der Wohnung an dieser Mitteilung, an der Sprache des Wohnens teil. Wir meinen die Sauberkeit und die Ordnung. Sie sind wichtige Symbole über die Art des Lebens und werden jeweils zu verschiedenen Zeiten mit verschiedenen Argumentationen gerechtfertigt und begründet. Sauberkeit gab es längst vor der Hygiene, längst vor der Angst, durch Schmutz bakterielle Infektionen zu erzeugen. Und die Art der Bekämpfung des Schmutzes ist noch heute so, dass die Vermehrung der Bakterien keineswegs eingedämmt wird – man denkt nur an das Staubsaugen. Oft ist das Gefühl von Schmutz mit bestimmten anderen Symbolen verbunden: so sind viele Leute der festen Überzeugung, die langen Haare der jungen Generation seien schmutzig, wie wohl noch keine Generation so viel Shampoo verbraucht hat wie die heutige.

Dennoch ist der Mut zum Schmutz, wenn wir uns nicht täuschen, nach 1968 gewachsen. Allerdings damit auch die Spaltung zwischen der noch im Persil-Fetischismus befangenen angeblich sauberen Wohnweise und den Pionieren der Abkehr vom Persil. In der Abkehr von der blankgescheuerten Metallküche steckt vermutlich mehr politische Emanzipation als in der Abkehr vom Prunkmöbel: Vernunft in Bezug auf übermäßigen Putzmittelverbrauch integriert die persönliche Emanzipation in die umfassendere Argumentation einer umweltfreundlichen Lebensweise als Kritik an der Manipulation der Bedürfnisse durch eine auf bloße Werbung spekulierende Industrie.

## Die vermeintlichen Bedürfnisse der Leute

Die Diskussion über die richtige Art und Ausstattung von Wohnungen, insbesondere im Gemeinnützigen Wohnungsbau, operiert gewöhnlich mit der Vorstellung von menschlichen Bedürfnissen. Dabei hat sich diese ganze Diskussion noch nicht von den Wohlfahrts-Vorstellungen der zwanziger Jahre gelöst. Wie immer die Philosophie aussehen mag, die hinter den einzelnen Vorstellungen steckt, immer kennen irgendwelche Fachleute die Bedürfnisse irgendwelcher anderer Leute, die sie konkret noch gar nie gesehen haben.

Die Formel „jeder nach seinen Bedürfnissen" deckt die fundamentale Antinomie des Bedürfnisdenkens wohltätig zu. Denn der Satz kann sowohl in der Weise verstanden werden, dass jeder das gleiche Maß zugeteilt erhält, wie andererseits, dass einige Leute das Recht auf eine bevorzugte Wohnversorgung haben, da sie, sozusagen von der Natur, mit anderen Bedürfnissen ausgestattet seien. In der Praxis kommt dann diese Bevorzugung derjenigen Schicht zugute, die es am besten versteht, ihre angeblichen Bedürfnisse zu formulieren. So ist es auch kein Wunder, dass sich das angestrebte Wohnniveau allmählich auf den Lebensstil einstellt, den junge, progressiv-dynamische, sich auf Staatskarrieren in akademischen Beamtenberufen vorbereitende Ehepaare des neuen Mittelstandes praktizieren: bürgerlicher Wohngrundriss mit stilistischen Anleihen bei der studentischen Bohème.

Der soziale Wohnungsbau der zwanziger Jahre und dann wieder der Krisenjahre operierte mit dem Begriff des Existenzminimums. Dieses entspringt der Vorstellung, es gebe ein Set messbarer Bedürfnisse, die in jedem Falle „befriedigt" sein müssten.

Auch hier öffnet sich eine Problematik, die wir mit einer Antinomie bezeichnen können. Die beiden Sätze sind richtig: das Existenzminimum liegt unterhalb des Existenzminimums; und: das Existenzminimum liegt immer oberhalb des Existenzminimums.

Jede Festlegung einer messbaren Norm, welche das Existenzminimum beschreiben will, ist willkürlich und damit politisch. Wenn wir die Ausstattung der ärmsten Mitteleuropäer betrachten, und ihre Lebensumstände als untragbar bezeichnen, so müssen wir uns sagen lassen, dass in anderen Ländern auf weit tieferem Niveau gelebt wird. Die durchschnittliche Wohnfläche, die einem Einwohner von Hongkong zugestanden wird, beträgt zwei Quadratmeter. Und wer rassistisch denkt und glaubt, der Europäer habe eben andere Bedürfnisse als die Asiaten, dem kann entgegnet werden, dass unsere Vorfahren vor gar nicht so vielen Jahrzehnten, noch in der beginnenden Industrialisierungsphase, unter weit schlechteren Bedingungen gelebt haben als heute die unterhalb des zugelassenen Standards wohnende Schicht.

Das Existenzminimum bezieht sich selbstverständlich immer auf eine bestimmte Gesellschaft in einer historischen Situation. Es bezeichnet nicht biologisch existenzielle Bedingungen, sondern soziale. Der Mensch hat ein Recht darauf, in einer Weise leben zu können, wie sie in der betreffenden Gesellschaft als angemessen empfunden wird. Aber gerade diese letzte Forderung wird durch die Festlegung eines Existenzminimums nur in sehr fragwürdiger Weise erfüllt.

Schon bei unseren Überlegungen über das Squatting haben wir gesehen, dass die Festlegung eines Existenzminimums – ohne die Garantie, dass jeder eine solche Lebensbasis erhält – diskriminierend wirkt. Es entsteht ein Graben zwischen denjenigen, die dieses Minimum gerade noch erreichen und dadurch in den Genuss einer Sozialwohnung kommen, und den anderen, die weiterhin unterhalb dieses Standards leben.

Nehmen wir aber den Fall eines Landes an, in welchem „alle“ Bewohner mindestens in den Genuss des Existenzminimums kommen. In einem solchen Lande würde ein sehr großer Teil der Bevölkerung zu ähnlichen Lebensbedingungen untergebracht, wobei ein Teil dieses selber bezahlen, ein anderer aber dabei bezuschusst würde. Über dieser Mehrheit von wohnungsmäßig gleich versorgten Menschen erhöbe sich noch die soziale Pyramide derjenigen, die sich höhere Wohnbedürfnisse leisten. – Es ist möglich, dass in gewisser Hinsicht England, oder wenigstens London, (lassen wir gewisse Squatting- und Slumprobleme einmal weg), diesem idealtypischen Modell relativ nahe kommt. Der distanzierende Graben entsteht dann nicht mehr zwischen dem Existenzminimum und der darunterliegenden Schicht, die wir uns ja wegdenken, sondern zur darüberliegenden, die zu erreichen eine erhebliche Anstrengung und eine Umdisponierung der im Familienbudget verfügbaren Mittel bedeutet. Um wenig Wohnkomfort oder Dignität mehr zu erhalten, muss ich vom subventionierten in den freien Wohnungsmarkt umsteigen und mich der Willkür privater Hausvermieter ausliefern. Das bedeutet zunächst den Verzicht auf andere Güter, die mich ebenfalls in der sozialen Struktur über den Durchschnitt hochgehoben haben.

Die Paradoxie des Denkens in Bedürfnissen entsteht nun daraus, dass es ja mit zu den menschlichen Bedürfnisse gehört, in der Gesellschaft, deren Mitglied man ist, nicht zuunterst, sondern, wenn schon nicht oben, dann wenigstens in einer durchschnittlichen Position zu sein. Dabei stellt sich die Frage, inwieweit sich die gesellschaftliche Position im Wohnen ausdrückt oder ausdrücken soll. Es ließen sich egalitäre Gesellschaften denken, deren Ziele so immateriellen Charakter haben, dass die Wohnsituation nicht zur Strukturierung beiträgt. Es ließen sich auch, und das ist schon realistischer, Gesellschaften denken, deren innere Differenzierung durch andere Dinge ausgedrückt werden als gerade durch das Wohnen. Solcherart sind beispielsweise wandernde Gesellschaften. Graduell liegt bei vielen außereuropäischen Gesellschaften die soziale Bedeutung des Wohnens nicht so hoch wie bei uns. – Umso ernster aber müssen wir hier die Tatsache nehmen, dass bei uns eben mit dem Wohnen nicht nur physische Bedürfnisse erfüllt werden, sondern in hohem Maße gesellschaftliche.

In den späten sechziger Jahren ist ein Wort aufgetreten, das der Debatte ein Stück weiterhalf: das Bedürfnis nach „Identifikation". Aus der Kritik an der Gleichförmigkeit großer Siedlungen entstand der Gedanke, dass der Mensch sich nur dann wohlfühlen könne, wenn er sich mit seiner Wohnung identifiziere. Voraussetzung der Identifikation aber ist das Besondere, also das Vorhandensein eines unverwechselbaren und sich nicht gleich wiederholenden Merkmals. In der Architektur führte das dann konkret zu der Forderung, „Merkmale" zu bauen, welche die Gleichförmigkeit unterbrechen; erst in den siebziger Jahren folgte daraus der etwas realistischere Ansatz, solche Möglichkeiten der Identifikation müsste nicht durch den Architekten, sondern den Bewohnern selbst zu errichten sein.

Obwohl die Buchreihe der „Bauwelt-Fundamente" schon relativ früh ein Werk des Psychologen Goffman als für die Architekten relevant aufgenommen hatte, wurde seine Botschaft von den Fachleuten nicht voll rezipiert. Nach Goffman müssen wir von der Frage ausgehen, wie sich der Mensch im Alltag seiner Gesellschaft selbst präsentiert. Mit zu dieser Präsentation gehört das „Setting“, welches im Normalfall unserer Gesellschaft die Wohnung ist, allenfalls noch der Wagen, während es beispielsweise bei den mittelalterlichen Königen ein fahrbares Gepränge war, das überall installiert werden konnte.

Ein Merkmal dieses Settings ist es nun, dass es zu großen Teilen nur in der Vorstellung des Bewohners existiert, und in der Realität nur zum Teil verwirklicht werden kann. Gegenständliche Ansätze der Wohnung und ihrer Ausstattung müssen aber auf das eigentlich gemeinte größere Gepränge in verständlicher Weise hindeuten. Denn das eigentlich gemeinte gesamte Setting muss ja nicht nur dem geistigen Auge des Bewohners selbst erkennbar sein, sondern auch seinem Gegenüber, dem Besuch. Erfüllung des Wohnbedürfnisses folgt dann, wenn der Besuch das Setting verstehen konnte und seine Rolle darin spielt, also am Gesamtgebilde mitwirkt.

Nehmen wir das Beispiel einer Einladung. Durch eine Mahlzeit möchten wir unseren Bekannten uns selbst in unserem eigentlich gemeinten Setting vorführen. Da wir keinen genügend großen Esstisch haben, müssen zwei zusammengestellt werden. Jetzt reicht das Tischtuch nicht mehr – in geschickter Weise lassen wir an beiden Enden ein anderes Tischtuch herausscheinen, als müsse das so sein. Die genügende Anzahl gleicher Stühle ist auch nicht vorhanden; aber mit Hilfe einiger Polsterkissen aus dem Picknickkorb kann die Differenz ausgeglichen werden. Einen Lohndiener haben wir nicht, auch keinen Koch: deshalb ist die Speisefolge so gewählt, dass sie von der Hausfrau mit wenig Aufwand auf den Tisch gezaubert werden kann. – Das Fest ist gelungen, denn die Gäste spielen mit. Sie bedienten sich so unauffällig als würden sie bedient; kein einziger ist aufgesprungen und hat eine Schüssel in die Küche zurückgetragen.

Die so beschriebene Situation mag als bürgerlich, als spießig verstanden werden. Man gebe sich aber nicht der Täuschung hin, ein weniger bürgerlich arrangiertes Fest stelle etwa die wahren Verhältnisse dar und erfordere keine Imagination. „Bei uns ist‘s halt ungezwungen“ – mit diesen Worten begrüßt uns die Regisseurin eines anderen Settings und führt uns gleich in die Küche. Dort stehen schon Gäste scheinbar ungezwungen herum, einer rührt im Gulaschtopf, der andere schlägt eine Anzahl Eier in ein Becken, weniger begabte Gäste machen sich auf die Suche nach einem Korkenzieher und bewundern den Inhalt des Küchenschrankes, der großenteils vom Trödelmarkt stammt. – Auch diese Situation beschreibt ein Setting, das in Ansätzen vorhanden ist, in großen Teilen aber nur gedacht, das aber von den Gästen erkannt und mit Liebe und Phantasie ausgestaltet wird.

Vielleicht ist es nach diesen beiden Milieuschilderungen etwas leichter, über die sogenannten Wohnbedürfnisse nachzudenken. Selbstverständlich muss die Wohnung gewisse Grundfunktionen erfüllen, auch messbare: die Temperatur von 19 Grad Celsius sollte in unseren Breiten bei ständigem Aufenthalt im Zimmer nicht unterschritten werden. Dennoch ertragen wir es auch bei freundlichen Gastgebern, wenn sie in ihrem Ferienhaus mit einem Kaminfeuer unsere Vorderseite rösten, unseren Rücken aber frieren lassen. – Die menschlichen Bedürfnisse verlangen in der Regel nicht nach ihrer bloßen Erfüllung, sondern sind in der Weise kulturell überformt, die eben dazu dient, gesellschaftliche Zusammenhänge auszuleben. Die Art und Weise, wie wir unsere Bedürfnisse erfüllen, ist eine Sprache, die uns und andere über unsere Position und unsere Ansprüche in der Gesellschaft unterrichtet. Die Mittel aber, diese Ansprüche auszudrücken, müssen vorhanden sein, – und sie überschreiten, um sichtbar zu sein, eben den allgemeinen Standard, auf den man uns festlegen will.

Insofern ist das Existenzminimum immer über dem Existenzminimum. Aber natürlich nicht in der vollen Breite des Spektrums aller Wohnfunktionen. Wir kennen die Situation von der Wohnungssuche: wir haben die Auswahl zwischen einer Wohnung mit Sonnenterrasse, aber Ofenheizung, und einer anderen mit einem besonders breiten Eingangsflur, aber dafür ohne Balkon. Welche sollen wir wählen? – Jedenfalls eine, die sich so herrichten lässt, dass daraus etwas Besonderes verdeutlicht wird, etwas, wovon unsere wohlwollenden Besucher sagen können: „Du hast es hier aber schön, wie hast Du das gemacht, eine solche Wohnung zu finden?"

Die Erfüllung der Wohnbedürfnisse müsste, so denkt man, zur Zufriedenheit führen. Und so haben auch alle Wohnungsproduzenten pflichtschuldigst Befragungen über die Zufriedenheit der Bewohner ihrer Siedlungen durchführen lassen. Und siehe da: alle diese Befragungen zeigten, dass über 90% der Mieter – also praktisch alle „vernünftigen Leute" – mit ihrer Wohnung zufrieden sind. Gibt es, ähnlich wie „falsches Bewusstsein", falsche Zufriedenheit?

Wir selber haben schon solche Befragungen durchgeführt. Eine beispielsweise in einer verfallenden Altstadt mit Wohnzuständen, wie man sie bei uns kaum mehr gesucht hätte: Für Häuser mit sechs oder acht Wohnungen gab es nur eine Toilette, und zwar hinten im Hof. Die Wohnungen waren meist von alten Leuten bewohnt. Alle versicherten uns, dass sie darin zufrieden seien; einige nicht ohne hinzuzufügen, dass ihre Besucher jeweils zu sagen pflegen „Du hast es aber hier schön" –, ein Hinweis darauf, dass auch in diesen kümmerlichen Zuständen Ansätze für das Mitspielen eines verstandenen Settings liegen.

Zur Erklärung dieser Zufriedenheit bieten sich mehrere Theorien an: Einmal war diese Altstadt von der Flächensanierung bedroht. Es ist möglich, dass die Bewohner durch ihre Aussage das Quartier schützen wollten. Zum zweiten bietet eine Altstadt neben verlotterten Aspekten auch solche, die auf vergangene Herrschaftlichkeit hinweisen: sie enthält, wie gesagt, Ansätze eines wünschenswerten Settings. Wir erwägen auch eine dritte Erklärung, nämlich die, dass diese alternden Befragten eine andere, größere Sorge haben als den Zustand ihrer Wohnung: nämlich ihre Krankheit, von der sie jeweils ausführlich gern berichteten.

Aber schließlich schien uns das Verhalten unserer Befragten dem zu entsprechen, was Leon Festinger als „Dissonanz-Reduktion" beschreibt. – Die Nachteile des eigenen Wohnbereichs werden durch Argumentationen überbrückt, welche sie als Vorteile erscheinen lassen oder andere Vorteile ins Gesichtsfeld rücken. Durch die Diskussion mit sich selbst oder mit Besuchern wird argumentatives Material bereitgestellt, welches den Graben zwischen der Wunschwohnung und der traurigen Realität überbrückt.

Das deutet auf den existenziellen Charakter der gesellschaftlichen Aspekte des Wohnens. Eine Deklassierung durch den Zustand der Wohnung hält der Bewohner nicht aus; gelingt es ihm nicht, den Defekt zu beseitigen, so überbrückt er ihn durch Argumentationen. Dieses aber vermag er nur, wenn die Wohnung, neben ihren Schäden auch Ansätze für eine positive Sprachregelung bietet. – Das ist es wohl auch, was mit dem Wort Identifikation gemeint war.

## Gerät und Gestalt

Mit Recht haben sich die modernen Architekten des frühen Werkbundes und der Zeit der Avantgarde nicht nur mit dem Haus und der Wohnung befasst, sondern auch mit den Geräten. Von dem reformerischen Impuls, der der damaligen Beschäftigung mit Mobiliar und Ausstattung innewohnte, ist nach dem Zweiten Weltkrieg nicht mehr viel übrig geblieben. In den fünfziger Jahren beschränkte man sich einerseits auf die liberalistische Floskel, die Technik sei neutral, und es komme auf den Menschen an, was er daraus mache; und auf der anderen Seite auf die Verwertung des ästhetischen Erbes der zwanziger Jahre, wie sie mit der Initiative um die „gute Form" betrieben wurde. In einer Welt, in der alle Dinge und Gerätschaften die „gute Form" haben, doa gibt's koa Sind, so meinte man in einer etwas oberflächlichen Denkweise, da ist nicht nur der Gegensatz von Kunst und Technik aufgehoben, sondern damit gleich auch jeder andere Konflikt.

Merkwürdigerweise gelang es nicht einmal den Ideologen der Hochschule für Gestaltung in Ulm, eine konsistente Theorie des Design für die sechziger Jahre aufzustellen. Auf der einen Seite verkündeten sie relativ früh die Erkenntnisse der englischen Diskussion über Zeichentheorie, ästhetischen Verschleiß und Volkskultur. Sie erkannten, dass alle Formen Informationen enthalten, und dass diese Informationen notwendig nach einiger Zeit verschlissen sind und durch andere ersetzt werden. Hier versuchte die Schule, die Position eines „aufgeklärten Vitalismus" einzunehmen, der diese Vorgänge zwar durchschaut, aber mitmacht. In den Produkten aber ist nichts anderes abzulesen als die Fortdauer des formalistischen Idealismus, der Sehnsucht nach einer Gesellschaft, die dadurch gut wird, dass sie in guten Formen lebt. – Beide Positionen aber lassen den Gegenstand an sich außer Betracht: der Unterschied zwischen gesellschaftlich nützlichen und schädlichen Geräten wird nicht gemacht.

Können Geräte „an sich“ gut oder schlecht sein? – Wir meinen, dass die frühe Avantgarde diese Frage bejahte, die dann in der späteren Entwicklung aus dem Gesichtsfeld geraten ist, bis Ivan Illich sie wieder mit erneuter Dringlichkeit stellte. – Die frühen Avantgardisten begrüßten die Haushaltstechnik; aber diese Technik trat zunächst in einer Gestalt auf, die tatsächlich begrüßenswerten, weil emanzipatorischen Charakter hatte. Die ersten Haushaltsmaschinen waren groß; sie rentierten sich vor allem für kollektive Haushaltungen. Die Freude über diese Erfindungen galt also nicht der Technik schlechthin, sondern einer Technik mit kollektivierender Tendenz. Die große Küchenmaschine verlangt nach der Großküche, der Zentralstaubsauger entlastete die Mieter ohne Unterschied. Erst als der große Ventilator im Keller nicht mehr ersetzt wurde, weil die Firma Hoover nun teure Kleinstaubsauger auf den Markt werfen wollte, kehrten die ärmeren Haushaltungen damals wieder zum Teppichklopfer zurück, und der Mittelstand konzentrierte während dreißig Jahren seine Leistungskraft darauf, die Wohnung mit den nötigen Geräten, Eisschrank, Schwingmaschine, Waschmaschine, Rührwerk, Spülmaschine auszustatten, welche Geräte zu ihrer damaligen Erfindungszeit jeweils einen Kaufkraftanteil des Familienbudgets forderten, dem in der heutigen Situation ein Nerzmantel oder ein Automobil entspricht.

Der Gedanke der „guten Form“ geriet nach 1968 unter Beschuss und wurde damals still beiseite gelegt.

Die Tatsache aber, dass die damals verfolgte Theorie der neuen Zeit nicht mehr adäquat ist, erlaubt uns noch nicht, uns überhaupt nicht mehr mit dem Gerät, mit dem ihm manifesten Verhältnis von Technik und Aussehen zu befassen. Vielmehr müsste untersucht werden, wo die Philosophie der guten Form in Widerspruch steht zur Entwicklung der Technik.

In den zwanziger und dreißiger Jahren glaubte man, dass die Technik den Weg der Vervollkommnung gehe und auf diesem Wege auch wieder anschaulicher würde. Man glaubte, dass die Zeit der hässlichen Technik, als deren Verkörperung man die Großtechnik des Stahlgusses und der Eisenbahnen ansah, ein Übergangszustand sei, in welchem die Menschheit die Gesetze der Physik eben noch nicht ganz beherrscht hätten. „Werkstättenlandschaft" (Ernst Jünger) nannte man in den zwanziger Jahren diese spezifische Hässlichkeit, in der sich der damalige Mensch, der „Arbeiter" zu bewähren hatte, die aber innerlich – scheinbar – schon der Vergangenheit angehörte.

In diesen Vorstellungen steckte auch der Gedanke, dass die Technik ihren „technischen" Charakter überwinde, indem sie organisch werde. Der Gebrauch von hohen Gewichten, extremen Temperaturen, übermäßigen Kräften wurde dem Umstand zugeschrieben, dass wir die Feinheiten organischer Vorgänge, die – nach damaliger Meinung – auf uns unbekannten Katalysatoren beruhen, noch nicht durchschauen. Eine solche organische Technik würde dann aber auch gleichzeitig anschaulich werden, da sie sich in ihrer Vollkommenheit einerseits auf ablesbare physikalische Gesetze zurückbesänne und so zu einem Endzustand komme, oder aber indem die organischen Formen, die uns aus der Pflanzen- und Tierwelt bekannt sind, schon optisch verwandt erscheinen.

Das Beispiel für den ersten Vorgang, die Verbindung von vollkommener Technik und vollkommener Anschaulichkeit, bildete das Fahrrad; die Hoffnung auf eine organische Technik blieb in dieser Form unerfüllt; übriggeblieben sind einerseits Utopien von wuchernden Kunststoffgebilden, andererseits die realistischen Versuche alternativer landwirtschaftlicher Produktionstechniken, etwa auf der Basis organischer Nährsubstrate oder einer vervollkommneten Kompostierung.

Die Technik selbst hat sich in doppelter Weise nicht an den vorgezeichneten Weg gehalten. Sie ist wohl feiner geworden, aber deswegen doch nicht „kleiner": die elektronische Steuerung wird heute eingesetzt, um schwerere Maschinen, höhere Temperaturen, größere Anlagen als je zu bewältigen. Die Konzentrationsprozesse setzten sich fort, und am Gipfel der Entwicklung steht das Atomkraftwerk. – Auf der anderen Seite ist die Technik nicht anschaulich geworden. Die Halbleitertechnik verlegt die entscheidenden Vorgänge in unansehnliche Pakete. Ein normaler technischer Apparat besteht heute aus einem Gewirr von Drähten, das weitere dem Laien uneinsichtige Bestandteile untereinander verbindet. Ohne einem mit Kennzeichen versehenen Kasten darum ist ein chemisches Messgerät nicht von einem Musikgerät zu unterscheiden; selbst einem der Zweckmäßigkeit verpflichteten Designer bleibt nichts anderes übrig als solche Geräte in einem Kasten zu verbergen und die Tastaturen richtig zu kennzeichnen.

Die Vorstellung von einer Anschaulichkeit technischer Zweckmäßigkeit erhielt aber auch dadurch einen Riss, dass für die meisten Geräte mehrere optimale Formen möglich sind. Die allerwenigsten Dinge sind so exakt umschrieben, dass sich ihre optimale Form eindeutig aus dem Zweck ergibt: oberhalb so einfacher

Dinge wie Hammer und Zange fällt einem wiederum nur das Fahrrad ein. Die meisten Geräte haben einen Kompliziertheitsgrad, der mehrere beste Lösungen zur Wahl stellt. Damit aber fließen bei der Gestaltung schon Überlegungen zur Darstellung der Zweckmäßigkeit mit ein; dem Designer steht es frei, den Gegenstand zugunsten eines zweckmäßigeren Aussehens abzuwandeln.

Spätestens mit dem Aufkommen der elektrischen Geräte von Braun wurde auch in Deutschland klar, dass selbst im Felde der guten Form rivalisierende Interpretationen des modernen Stils miteinander kämpfen. Es kam zur Erkenntnis der modischen Ablösung auch der angeblich technisch zweckmäßigen Formen. Rückblickend erkannte man, dass dieser Prozess schon in den dreißiger Jahren stattgefunden hatte, und dass der legendäre Eisschrank in Stromlinienform schon etwas zu tun hatte mit dem Aufkommen und wieder verschleißen technischer Formen.

Nach dieser Erkenntnis war schließlich kein prinzipieller Unterschied mehr auszumachen zwischen den Formen der Zweckmäßigkeit und den Formen des populären, also reklameorientierten Design. Designerkreise reagierten auf diese lamentable Entdeckung auf zweierlei Weise. Die Zynischen unter ihnen erhoben den geplanten Verschleiß zum designerischen Ziel; Beliebtheit, also Verkaufbarkeit, ist auch eine der technischen Eigenschaften des Produktes, die der Designer zu kreieren habe. – Andere verliehen derselben Theorie höhere Weihen: Marilyn Monroe ist schön, die Reklametafeln von Las Vegas sind schön, und populäres Design ist schön; wer dieses leugnet, der spricht im Namen eines veralteten, elitären Geschmacksideals. Warum soll man nicht vom breiten Publikum lernen, und damit dem breiten Publikum eine Freude machen?

Die Theoretiker gingen noch weiter. Warum gefallen diese Dinge dem Publikum? Und warum gefallen sie ihm nach einer gewissen Weile nicht mehr? – Linguistik und Semiotik drangen ein in die Designtheorie. Nicht die Zweckmäßigkeit selbst, sondern die Wahrnehmung der Zweckmäßigkeit ist das Problem des Design. Die Ware teilt etwas mit über ihre Zweckmäßigkeit; und wie jede Mitteilung, veraltet auch der Inhalt dieser Botschaft. Deshalb muss das Aussehen des Produktes nach einiger Zeit geändert werden.

Das Ende all dieser Diskussionen war einigermaßen vorprogrammiert, sobald der Ausbruch der Jugendrevolte im Jahr 1968 erfolgt war. Es ist kein Zufall, dass dieses elementare Geschehen, das aus der Geistesgeschichte nicht mehr zu tilgen ist, und dessen tiefgreifende Wirkungen nur von jenen geleugnet werden, die kein Gedächtnis haben und nicht mehr wissen, wie die Welt vor 1968 funktionierte – es ist kein Zufall, dass dieses Ereignis von den Architektur- und Designfakultäten ausging. Denn der Jugendrevolte ging es um eine neue Beziehung zwischen dem Sinn und dem Aussehen der Dinge. Dieses Aussehen kann aber nicht mehr die bloße Abbildung technischer Zweckmäßigkeit, noch die Reproduktion eines am kapitalistischen Produktionsprozess korrumpierten pseudo-volkstümlichen Designs sein. Vielmehr geht es nun darum, dass die Gegenstände historische Situationen und deren gesellschaftliche Beziehungen bilden.

Der Stil der Jugendrevolte ist der Sperrmüllstil. Das einst für den elitären Geschmack entworfene, dann aber in seinem Durchgang durch den Sperrmüll von seiner klassenmäßigen Repression gereinigte Objekt gibt uns das Gefühl – zwar nicht des Sieges über die Mächte der Repression, aber doch der Möglichkeit, sich in einer vom Kapitalismus beherrschten Welt frei zu behaupten. Dasselbe Gefühl ergeben natürlich auch alle Gegenstände, die unter Umgehung des kommerziellen Prozesses hergestellt sind: dieses macht den Erfolg des *Whole-Earth-Katalogs* und der in ihm aufgeführten Produkte aus. Schließlich vermitteln auch Produkte fremder Gesellschaften, vornehmlich jener des Orients, die Information darüber, dass sich Menschen in anderen gesellschaftlichen Verhältnissen auf andere Weise mit den Gegebenheiten ihres Lebens erfolgreich auseinandersetzen.

Die Jugendrevolte bringt also nicht ein neues Design, sondern vielmehr die Neu-Interpretation existierender Dinge: aus dem Aussehen werden nun Organisationsformen abgelesen. Damit ist wiederum die alte Erkenntnis in neue Nähe gerückt, dass Dinge gut sein können oder böse: sie können Abhängigkeit, Konzentration, Repression zulassen oder sie können uns davon freihalten. Und zwar gilt dieses sowohl für die Produktion der Dinge wie für deren Gebrauch. – Ivan Illich also brauchte nur noch den Schleier abzuheben, um der Erkenntnis Worte zu verleihen: den *Tools for Conviviality* stehen alle jene Produkte gegenüber, die Einsamkeit und Abhängigkeit bewirken.

Und so kommen wir vielleicht doch noch zu neuen Kriterien, nach welchen heute Geräte zu beurteilen sind:
– Einmal die Forderung nach Begreifbarkeit, die allerdings nicht so weit zu gehen braucht wie die nach der Anschaulichkeit vervollkommneter Technik. Ein Produkt soll begreifbar sein für den, der es braucht; enthält es unanschauliche, kaum begreifbare Teile wie Transistoren und Mikroschaltungen, so sind diese in klaren, baukastenartig ersetzbaren Teilen in das Produkt aufzubauen. Damit ergibt sich auch unsere zweite Forderung

nach Reparierbarkeit. Ein Produkt soll reparierbar sein und uns nicht von zentralen Reparaturservices abhängig machen. Insbesondere soll ein Produkt nicht dadurch schon schrottreif werden, dass ein Bestandteil defekt ist, das ersetzt werden könnte. – Ist ein Produkt oder Gerät aber am Ende seines Leistungsvermögens angekommen, so soll es sich in einer Form befinden, welche die Umwelt nicht belastet. Es soll entweder aus einem recyclebaren Material bestehen oder aber aus einem, das sich ohne Giftentwicklung auflöst. Schließlich soll das Produkt nicht in direkter Weise zum Kauf von anderen Produkten führen. Es soll vielmehr sowohl allein einen Zweck erfüllen als auch frei kombinierbar sein mit anderen, selbst herstellbaren oder leicht auf dem Markt erhältlichen Produkten. Und jetzt fragt Ihr nach Kriterien für ein neues Design? Da könnte ich schon einige nennen. Stellt Euch also vor, eine neue Kommission des Werkbundes ziehe durch die Hallen der Basler Mustermesse, ergreife ein ausgestelltes Produkt und frage:

– Besteht es aus Rohstoffen, die ohne Unterdrückung gewonnen werden?

– Ist es in sinnvollen, unzerstückelten Arbeitsgängen hergestellt?

– Ist es vielfach verwendbar?

– Ist es langlebig?

– In welchem Zustand wirft man es fort, und was wird dann daraus?

– Lässt es den Benützer von zentralen Versorgungen oder Services abhängig werden, oder kann es dezentralisiert gebraucht werden?

– Privilegiert es den Benützer, oder regt es zur Gemeinsamkeit an?

– Ist es frei wählbar, oder zwingt es zu weiteren Käufen?

## Design ist unsichtbar

Natürlich kann man sie sehen, die Gegenstände des Design; es sind Gestaltungen und Geräte bis hinauf zum Gebäude und hinab zum Dosenöffner. Der Designer gestaltet sie in sich logisch und gebrauchsfertig, wo bei er gewisse äußere Randbedingungen annimmt: beim Dosenöffner die Beschaffenheit von Dosen. Der Designer von Dosen geht wiederum davon aus, wie die Dosenöffner beschaffen sind; dieses ist seine Randbedingung.

So kann man die Welt als eine Welt von Gegenständen auffassen und sie einteilen in – zum Beispiel – Häuser, Straßen, Verkehrsampeln, Kioske; in Kaffeemaschinen, Spültröge, Geschirr, Tischwäsche. Diese Einteilung hat Konsequenzen: Sie führt eben zu der Auffassung von Design, welche ein bestimmtes Gerät ausgrenzt, seine Außenbedingungen anerkennt und sich das Ziel setzt, eine bessere Kaffeemaschine zu bauen oder eine schönere, also das zu tun, was in den fünfziger Jahren mit der Auszeichnung Die Gute Form bedacht worden ist.

Wir können uns aber die Welt auch anders einteilen – und wenn ich die Pattern Language recht verstanden habe, so hat das Christopher Alexander dort versucht. Sein Schnitt liegt nicht zwischen Haus, Straße und Kiosk, um bessere Häuser, Straßen und Kioske zu bauen, sondern er scheidet den integrierten Komplex Straßenecke gegen andere städtische Komplexe ab; denn der Kiosk lebt davon, dass mein Bus noch nicht kommt und ich eine Zeitung kaufe, und der Bus hält hier, weil mehrere Wege zusammenlaufen und die Umsteiger gleich Anschluss haben. Straßenecke ist nur die sichtbare Umschreibung des Phänomens, darüber hinaus enthält es Teile organisatorischer Systeme: Buslinien, Fahrpläne, Zeitschriftenverkauf, Ampelphasen usw.

Auch diese Einteilung der Umwelt gibt einen designerischen Impuls. Aber dieser bezieht die unsichtbaren Teile des Systems ein. Erforderlich wäre vielleicht ein vereinfachtes Zahlungssystem für Zeitschriften, damit ich den Bus nicht verfehle, während ich die Münzen hervorklaube und der Verkäufer gerade einen anderen Kunden bedient. Manche werden nun wieder ein neues Gerät vor sich sehen, einen elektronisch summenden Zeitschriftenautomaten, wir aber einen Eingriff in das System: vereinheitlichte, runde Zeitschriftenpreise, oder Zeitungs-Abonnementkarten auf Sicht – jedenfalls eine Regelung, die sich mit der Institution der Zeitschriftenverteilung befasst.

Was sind Institutionen? Verlassen wir Christopher Alexanders Straßenecke zugunsten einer klar erfassbaren Institution: das Krankenhaus. Was ist ein Krankenhaus? Nun, eben ein Haus mit langen Korridoren, gebohnerten Fußböden, weiß lackierten Möbeln und Wägelchen, die mit Speisegeschirr beladen sind.

Diese Sicht des Krankenhauses führt wieder zum traditionellen designerischen Anspruch: Der Architekt, der Designer sind aufgerufen, Krankenhäuser zu planen mit kürzeren Korridoren, intimerer Atmosphäre, praktischeren Speisewägelchen. Wie jedermann weiß, sind indessen die Spitäler größer, die Wege länger, die Essensangebote anonymer, die Krankenpflege ungemütlicher geworden. Denn der Architekt und der Designer durften ja nicht in die Institution eingreifen, sondern sie verbesserten Gestaltungen und Geräte innerhalb der zugeteilten Bedingungen.

Beschreiben wir also das Krankenhaus als Institution. Es ist vor allen sichtbaren Dingen ein System von Beziehungen zwischen Menschen. Auch zwischenmenschliche Systeme sind designt, entworfen, zum Teil allerdings von Geschichte und Tradition, zum anderen Teil aber von heute lebenden Menschen. Wenn das Gesundheitsministerium verfügt, die Diätküche sei nicht dem medizinischen Personal, sondern der Direktion unterstellt – oder umgekehrt –, so ist dieser Beschluss ein Stück der Gestaltung der Institution.

Zunächst aber besteht das Krankenhaus aus den drei traditionellen Rollen: Arzt, Krankenschwester und Kranker. Die Schwesternrolle, assoziativ hoch aufgeladen und irgendwo zwischen Muttergottes und Ingrid Bergman, scheint klar, ist aber in Wirklichkeit höchst unklar, da sie viele ungleiche Tätigkeiten in sich vereinigt. Der Arzt, im historischen Krankenhaus eine unwichtige Figur, hat sich im 19. Jahrhundert an die Spitze manövriert, unterstützt von einem gläubig geschluckten Forschungsmythos, der über Groschen-Roman und Fernsehen dafür sorgt, dass es noch im hintersten Bezirkskrankenhaus ein bisschen nach Herztransplantation riecht. Und der Kranke? Der hat doch keine Rolle? Er ist doch einfach krank, da kann er doch nichts dafür? – Also entschließen Sie sich bitte mal, ob Sie krank sein wollen oder gesund! – Offenbar kann man sich dazu entschließen. Und muss: sonst geht man dem Chef auf die Nerven – dem Chef im Büro oder dem Chef im Spital. Ein Kranker liegt – bei Chodowiecki saß er noch –, oder er wandelt als Rekonvaleszent dankbar im Park herum. Jedenfalls fügt er sich dem Drei-Rollen-Spiel, das längst des Re-Design bedürfte; aber davon später.

Gibt es weitere solche Institutionen? Jawohl: die Nacht. Aber die Nacht ist doch ein Naturphänomen, die Sonne bescheint gerade die Antipoden, und bei uns ist es dunkel? Anne Cauquelin hat als erste die Hypothese vorgeschlagen: Die Nacht ist gemacht. Und in der Tat ist es menschliches Verhalten, das entlang menschgemachter Einrichtungen die Nacht so oder anders gestaltet. In der Schweiz kann ich nach 21 Uhr ruhig arbeiten und dann schlafen gehen; so spät zu telefonieren gilt als unhöflich. In Deutschland schweigt mein Telefon den ganzen Abend bis um 23 Uhr, dann kommt Leben in den Apparat; um 22 Uhr setzt der Billigtarif ein, worauf sogleich alle Überlandleitungen überlastet sind, bis man dann nach etwa einer Stunde durchkommt.

Die Nacht also, die ursprünglich wohl einmal etwas mit Dunkelheit zu tun hatte, ist ein menschgemachtes Gebilde, bestehend aus Öffnungszeiten, Schließungszeiten, Tarifen, Fahrplänen, Gewohnheiten und auch aus Straßenlampen. Wie das Krankenhaus, so hätte auch die Nacht ein Re-Design dringend nötig: Weshalb stellen die öffentlichen Verkehrsmittel ihren Betrieb gerade dann ein, wenn die Leute nach einem Glas Wein das Wirtshaus verlassen, so dass sie sich eben doch selber ans Steuer setzen? Würde nicht eine andere Organisation der Öffnungs- und Schließungszeiten jene Frauen vor Gewalt bewahren, die nachts allein zu Fuß nach Hause müssen? Muss es auch bei uns so weit kommen, dass nur noch das fahrende eigene Auto einigermaßen Sicherheit gewährt?

Wir nennen eine weitere Institution: den Haushalt. Für den traditionellen Designer ist der Haushalt eine Ansammlung von Geräten, ein Tummelplatz für den Entwurf. Was gibt es da nicht alles zu erfinden und zu verbessern: Kaffeekocher, Mixer, Spülmaschinen, um nur die Küchengeräte zu nennen. Der Entwerfer sorgt dafür, dass mit neuen Mitteln alles beim alten bleibt. Es gab um 1900 eine Bewegung zur Reform des Haushalts; die beginnende Mechanisierung forderte eine Kollektivierung, Großküchen, Wäschereien, Zentralstaubsauger wurden ausprobiert. Mit Hilfe der Kleinmotoren kamen alle diese Funktionen wieder in den Haushalt zurück. Küchengeräte dienen dazu, der Hausfrau Zeit zu sparen ... Dass ich nicht lache!

Ein Untersystem der Institution Haushalt ist die Entfernung von Schmutz. Was ist Schmutz? Weshalb entfernt man ihn? Und wo ist er, wenn er angeblich entfernt worden ist? Wir wissen es alle, geben es nur nicht gern zu: Der entfernte Schmutz, zusammen mit den Reinigungsmitteln, ist die Umweltverschmutzung. Aber man muss doch putzen, Schmutz ist doch unhygienisch? Kurios, man putzte schon vor der Kenntnis der Hygiene. Und im übrigen sind die Filtermaschen der Staubsauger-Einsätze zu groß, um Bakterien zurückzuhalten. Das heißt also: Staubsauger wirbeln Bakterien lediglich auf. Schade um dieses Lieblingskind der Designer, den Staubsauger!

Aber wie putzt man denn da, wo es auf Hygiene wirklich ankommt, im Krankenhaus? Die Hygiene im Krankenhaus beruht, soviel ich sehe, auf drei Pfeilern. Der erste Pfeiler ist rein symbolischer Natur: Man hält das Blinken weißer Oberflächen und das Glänzen gebohnerter, also fettbeschmierter Böden für Sauberkeit. Der zweite Pfeiler beruht auf Antisepsis, also auf Giften: Die Bakterien sollen mit immer neuen Desinfektionsmitteln umgebracht werden. Unglücklicherweise erringt man damit aber nur temporäre Erfolge, denn es bilden sich ständig resistente Stämme, die eben durch diese Gifte selektiv gezüchtet werden. Der dritte Pfeiler beruht auf dem Absaugen: Im Gegensatz zum häuslichen Staubsauger, der den Staub im gleichen Raum wieder fliegen lässt, verteilen die Klimaanlagen und Absaugevorrichtungen der Spitäler die gefährlichen Keime in der ganzen Umgebung. Gibt es ein Mittel gegen alle diese Übelstände? Natürlich, aber es liegt nicht im Bereich der Randbedingungen der Designer! Es lautet: Re-Design des Gesundheitssystems, vor allem in Richtung auf Dezentralisation.

Wir nennen eine letzte Institution: die Produktionsstätte. Vieles wäre da zu sagen, hier nur so viel: Auch Arbeitsplätze sind gemacht, sind Gegenstand der Gestaltung. Wir meinen damit nicht, dass am Arbeitsplatz die Stühle besser gestaltet oder die Tapeten etwas freundlicher sein könnten und Topfpflanzen aufgestellt werden müssten. Gegenstand der Gestaltung ist der Abschnitt von Arbeit, der dem einzelnen zugeteilt ist, mit dem Maß an Einsatz, Wissen, Können, oder Nicht-Können, Verblödung, Langeweile, das an dieser Stelle geleistet werden muss. Alles dieses gilt nicht nur für die Produktionsstätte im engeren Sinne, die Fabrik, sondern auch für Verwaltung, Stehkragenarbeit. Die Arbeitsplätze sind gestaltet nach einer scheinbaren Produktivität, die der Kontraproduktivität schon sehr nahe steht. Die sogenannte Automatisierung vernichtet Arbeitsplätze, die noch mit Befriedigung verbunden waren, und belässt solche, die dringend der Rationalisierung bedürften. Wir können das Problem hier nur andiskutieren und müssen den Beweis für die Behauptungen schuldig bleiben. Der Sinn der Aussage ist nur dieser: Auch Arbeitsplätze sind gestaltet, nicht nur im traditionell-designerischen Sinne, sondern in der Art, wie sie Teilarbeit aus der Gesamtarbeit ausscheiden, ihr Kompetenzen zuteilen oder wegnehmen und Zusammenarbeit erzeugen oder verhindern.

Die bisherigen Ausführungen haben zeigen wollen, dass das Design eine unsichtbare Komponente hat, nämlich die institutionell-organisatorische, über welche der Designer ständig mitbestimmt, die aber durch die gängige Art der Einteilung unserer Umwelt im verborgenen bleibt. Indem nämlich die Welt nach Gegenständen eingeteilt wird und das Unsichtbare dabei als Randbedingung auftritt, wird die Welt auch gestaltet. Auch das Nicht-Verändern der Institutionen ist ja – bei sich entwickelnder technischer Gegenstandswelt eine Gestaltung: Der Röntgenapparat wird für die Bedienung durch die Röntgenschwester ausgestattet.

Im folgenden möchten wir nun schauen, ob wir mit diesen Erkenntnissen etwas anfangen können oder ob sie vielmehr nur der melancholische Beweis dafür sind, dass die Welt eben schlecht eingerichtet ist.

Jede Nachdenkerei über das Design hat sich mit zwei Phasen zu beschäftigen: mit der Phase des Entwurfs bis hin zur Produktion und mit der Phase der Konsumtion bis hin zum Ende im Mülleimer oder im Museum. Dazu zunächst je eine traditionelle Hypothese.

· Zum Entwurf: Gesucht ist das zweckmäßige Objekt, wobei man sich endlos darüber unterhalten kann, ob Zweckmäßigkeit schon von selbst identisch sei mit Schönheit oder ob der Designer die Schönheit zuzufügen habe.

· Und zur Konsumtion: Die Technik und die technischen Gegenstände sind neutral; ihr Mißbrauch kommt von den bösen Menschen. Das Werkbund-Jahrbuch von 1914 zeigte Kriegsschiffe als Gegenstände der Gestaltung, in gleicher Weise zeigte die Zeitschrift »Werk« im April 1976 die Kühltürme von Atomkraftwerken als eine reizvolle Aufgabe für Architekten.

Dazu zwei Gegenthesen als Ausgang für eine neue Beschreibung der beiden Prozesse des Entwurfs und des Verbrauchs.

· Zum Entwurf: Die Objekte erhalten ihre Gestalt durch die Interaktionen des Entwurfsprozesses.

· Und zum Verbrauch: Die Produkte wirken aktiv in die Interaktion der Gesellschaft zurück; die Dinge sind nicht neutral, sondern es gibt (Illich!) *Tools for Conviviality* und auch ihr Gegenteil, gesellschaftsverhindernde Dinge.

Und gleich fügen wir noch probeweise eine dritte Hypothese an; eine Hypothese zur Kontraproduktivität:

Jeder neue Entwurf bewirkt im Gebrauch Änderungen, und diese Änderungen ziehen die Notwendigkeit neuer Entwürfe nach sich. Werden alle diese nacheinander sich öffnenden Probleme konventionell, nämlich als Einzelprobleme gelöst, so entsteht Kontraproduktivität. Dazu kurz ein Beispiel: Die mehrere Wohnungen bedienende Zentralheizung brachte angeblich das Bedürfnis, den individuellen Verbrauch des einzelnen Bewohners zu messen. Basierend auf der Verdunstung von Flüssigkeit wurden an den Heizkörpern Messgeräte angebracht, was zur Folge hatte, dass jeder Mieter, wenn er ausgeht, seine Radiatoren abstellt. Die Mieter verlangen dann aber auch, dass die Zimmer gleich wieder warm werden, wenn sie die Radiatoren wieder andrehen. Infolgedessen wird das Heizwasser so heiß gehalten, dass schlussendlich jeder Mieter, auch der sparsamste, insgesamt mehr Heizkosten zu zahlen hat als zu der Zeit, als man die Kosten nur nach Anteilen und ohne Messung verrechnete.

Beginnen wir also mit dem Entwurfsprozess. Hier stellten wir schon eingangs fest, dass der Designer die Welt einteilt nach Objekten anstatt nach Problemen. Dies beruht auf der linguistischen Determination, welche die Benennung eines Übelstandes gleich zum Gerät seiner Abhilfe macht. Indem ich beklage, dass meine elektrische Zwiebelmaschine mir zwar beim Hacken der Zwiebel eine Minute einspart, jedoch zum Reinigen wiederum zehn Minuten verbraucht, steht mir vor Augen nicht die Rückkehr zum einfachen Küchenmesser, sondern der Entwurf eines Zwiebelmaschinen-Reinigungsgerätes. Der benannte Zweck wird direkt zur Abhilfe, anstatt dass ich generell versuche, unter den Bedingungen des Mangels an Zeit wirtschaftlicher zu kochen.

Mit zu dieser direkten Verbindung zwischen Benennung und Abhilfe gehört die Stilllegung der Randbedingungen: Über das zu entwerfende Gerät hinaus sollen keine technischen oder organisatorischen Veränderungen nötig werden. Erfolgreich ist, was in die bestehenden Systeme eingefügt werden kann, und seien die noch so überlastet: ein Abfall-Zerkleinerungsgerät im Ablauf des Spülbeckens, eine Reinigung des Backofens durch Überhitzung usw. Diese Art der Problemlösung hat ihre Ursache in der Stellung des Designers innerhalb der Entscheidungsgruppen: als ein im Grunde von der Verantwortung befreiter Ideenlieferant.

Ulm, gemeint ist die zu Ende der fünfziger Jahre tätige Hochschule für Gestaltung, hat wohl als erste Instanz gemerkt, dass das Design kontraproduktiv ist, doch die Ulmer Lösungen waren technokratisch. Sie beruhten auf einer radikalen Analyse des zu erfüllenden Zwecks, stellten aber den Zweck selbst nicht in einen höheren Zusammenhang. Studentenarbeiten in Ulm begannen ungefähr folgendermaßen: Die Aufgabe lautet, feste bis breiige Substanzen in Portionen von zehn bis zwanzig Gramm von einem Teller etwa dreißig Zentimeter in die Höhe zu heben und horizontal zur Mundöffnung zu schieben, wobei dann der Träger durch die Oberlippe von seiner Substanz entlastet wird … Das Resultat ist nicht etwa Charlie Chaplins Essmaschine, sondern eine etwas modernistisch gestaltete Gabel.

Inzwischen hat man wohl erkannt, dass Dinge mit so hohem Symbolwert und so geringem Anteil von Erfindung wie das Essbesteck gar nicht Gegenstand des Design sind. Diejenigen Dinge aber, die noch zu erfinden sind, sind wohl, mindestens in ihren technischen Teilen, für den Designer zu schwierig. So muss sich das Design öffnen zu einem Soziodesign: einem Nachdenken über Problemlösungen, die dadurch entstehen, dass sowohl Rollen wie Objekte aufeinander abgestimmten Veränderungen zugeführt werden. Etwa so: eine Küche, die dazu anregt, dem Gastgeber beim Zerkleinern der Zwiebel zu helfen …

Bevor wir das Gebiet des Entwurfs verlassen und zum Verbrauch übergehen, eine kurze Zwischenbemerkung zum Verkauf und seinen verborgenen Verführern. Natürlich sind sie noch am Werk, die Marketing- und Reklamefachleute, die tiefenpsychologisch Seifenflocken verkaufen und vorgemischtes Kuchenmehl, das der Mutter ein Gefühl gibt, als stille sie die ganze Familie an der Brust. Aber auf dem Gebiet des Design hat sich doch im großen und ganzen das Fieber gelegt; ich werde mir einen neuen Eisschrank kaufen, wenn der alte nicht mehr kühlt, und nicht bloß deshalb, weil die Kante jetzt eine andere Rundung haben sollte. Auf dem Gebiet des Autos finden noch Nachhutgefechte statt; indessen erblühen auch hier die Revivals und in den übrigen Sektoren des Warenhandels kauft die Avantgarde ohnehin auf dem Flohmarkt. Der Flohmarkt wird zur Begegnungsstätte zwischen der schwindenden Verschleißbevölkerung und der wachsenden nachindustriellen Gesellschaft.

Das alles soll keineswegs heißen, dass der Fortschritt, im guten und im kontraproduktiven Sinne, etwa stillstehe. Aber der Sektor, auf dem er noch stattfindet, wird überschaubar. Neben der von ihm beherrschten Produktion für den weißen Markt wachsen der graue Markt, die Schwarzarbeit, die Eigenversorgung, der Tausch und die informelle gegenseitige Hilfe. Auch hier erzielt die weiße Produktion noch vorübergehende Erfolge: neben dem Putzmittelpotlatsch nun die Versuchung mit Hobby-Selbermach-Produkten. Das könnten aber Übergangserscheinungen sein auf dem Wege zu höherer Selbstversorgung. Ob daran alles erfreulich ist, sei dahingestellt, es droht auch die Gefahr der Verspießerung, der Isolierung; aber vielleicht sind gesellschaftliche Rückschritte unvermeidlich als Ausgangspunkt neuer Erfahrungen.

Beim Verbrauch oder Konsum wollten wir hinweisen auf die Nicht-Neutralität der Objekte. Gibt es böse Objekte? Güter sind dann schädlich, wenn sie uns von Systemen abhängig werden lassen, die uns am Ende ausplündern oder im Stich lassen. Zweifellos hängen wir alle an solchen Systemen, die uns erpressbar werden ließen. Einfluss haben wir aber immer noch auf den Grad der Abhängigkeit. Wir sollten diejenigen Objekte meiden, die uns dazu zwingen, weitere Zusatzgeräte zu kaufen. Wir sollen den Gütern mißtrauen, die einseitige Informationswege enthalten, wenn wir wohl auch nicht mehr ohne solche auskommen. Wir sollten zurückhaltend sein im Kauf und Gebrauch solcher Güter, die isolieren. Hier ist vor allem das Auto zu nennen, das überdies die Eigenschaft hat, den Benutzer zur Rücksichtslosigkeit zu erziehen.

Das Auto hat nicht nur unsere Städte zerstört, es zerstörte auch die Gesellschaft. Da kann man lange Forschungsaufträge vergeben, weshalb die Jugendkriminalität wachse, woran es liege, dass mehr Frauen überfallen werden, weshalb Quartiere verslumen oder veröden und nachts nicht mehr zugänglich seien. Solange als Abwehr gegen das motorisierte Verbrechen eine motorisierte Polizei eingesetzt wird und dem Passanten empfohlen wird, seinerseits den Wagen zu benutzen, kann die Lösung auch ohne größere Forschung genannt werden: Die Motorisierung durch Privatwagen gab die nicht-motorisierte Bevölkerung hilflos der Unsicherheit und dem immer leistungsschwächer werdenden öffentlichen Nahverkehrssystem preis.

Dies führt zu unserer letzten Bemerkung: über Kontraproduktivität. Wir nannten das Beispiel der Messung des Wärmeverbrauchs; sie ist nur ein Ausschnitt aus der ungeheuren Kontraproduktivität des gesamten Heizungssystems, bei welchem auf jeden Fehler eine neue Abhilfe gebaut wurde, die sich wiederum als Fehler erwies, bis wir hinkamen zu unserem elektronisch gesteuerten, überhitzten, in verschwenderischer Weise auch als Boiler benutzten, auch lufthygienisch ungesunden Zentralheizungssystem, das jetzt abgelöst wird von der noch übleren Klimatisierung. Kontraproduktivität, so sagten wir, entsteht, wenn Erfindungen so eingesetzt werden, dass sich ein Bruch zum Gesamtsystem öffnet, der wiederum durch eine isolierte Erfindung zugekleistert wird. Die Summe der Nachfolgeerfindungen ergibt dann die Kontraproduktivität des Gesamtsystems.

Nochmals zum Auto: Nachdem die Durchschnittsgeschwindigkeit des Autos in Großstädten auf die des Radfahrers oder gar Fußgängers abgesunken ist, treiben die Automobilfabriken Forschungen in Hinblick auf den Nachfolger des Autos. Und was entwickeln sie? Das mit einem Zusatzgerät ausgestattete Auto, welches beim Stadteingang von einem elektronischen Kurzwellen-Fernlenksystem übernommen und seinem Ziel zugeführt wird. Oder nochmals der Staubsauger:

Nachdem das Publikum gewahr wurde, dass Staubsauger um so schädlicher sind, je besser sie funktionieren, das heißt, mit je mehr Gewalt die Bakterien durch die Filter getrieben werden, sucht die Staubsaugerindustrie nach dem Nachfolgegerät, und worin besteht dieses? In einem Staubsauger, der mit einem Bakterien-Absorber ausgestattet ist.

Unsichtbares Design. Damit ist heute gemeint: das konventionelle Design, das seine Sozialfunktion selber nicht bemerkt. Damit könnte aber auch gemeint sein: ein Design von morgen, das unsichtbare Gesamtsysteme, bestehend aus Objekten und zwischenmenschlichen Beziehungen, bewusst zu berücksichtigen imstande ist.

## Auch zum Bauwesen zu zählen: Der Gartenbau

Wer baut, muss sich auch fragen: was aber ist zwischen den Bauten? – In der Stadt ist auch zwischen den Bauten Architektur. Die Baukunst hat sich hier für das akademische Repertoire der Stufen und Vorstufen, Parterres und Trottoirs, der Platten, Pflästerung, Sockel und Denkmäler ausgedacht. Erst in aller jüngster Zeit ist es Mode geworden, die unberührte Natur gegen das Haus branden zu lassen. In unseren Breiten geht das nur an wenigen Stellen, allenfalls im Hochgebirge. Im Norden aber kann das Bauwerk unmittelbar aus der Moorheide aufsteigen. Der klassizistische Vorgänger dieses Effektes ist der ans Haus brandende Rasen; von ihm lebt nicht nur der Modernismus, sondern auch sein illegitimes Kind, der Spekulationsbau. Rasen, einst die Darstellung der Hirtenlandschaft mit grasendem Vieh, ist zum Allerwelts-Versatzstück geworden und zu einem Millionengeschäft für die Gärtner. Und überdies noch zu einer die Freizeit ausfüllenden Beschäftigung für die Besitzer.

Der normale Hausabstand, weder hochgestochene Architektur noch – echte oder falsche – Jungfräulichkeit der Natur, ist der Garten. Bekanntlich hat auch der Garten seine eigene Architekturgeschichte; sie ist mehr oder weniger deutlich ablesbar an herrschaftlichen Bauten und färbt die Gärten der Bürger und Bauern nur pianissimo. Eher möchte man auf dieser Alltagsebene von Typen sprechen, die synchron nebeneinander existieren: der Bauerngarten, beim Bürger als Blumengarten ausgebildet, der Staudengarten, der Obstgarten, der Gemüsegarten, und für die Stadt noch zwei Formen baumbestandener Schattenplätze, die „Anlage“ aus beschneidbaren Bäumen, Rosskastanie, Eibe und Buchs, und der „romantische Garten", kenntlich an gekrümmten Wegen und pflaumenförmigen Grünteilen.

Die stilistische Überformung des Bürgergartens ist nicht durchgreifend. Dafür ist schon der Anteil des Selbstbestimmens und Selbermachens der Bewohner zu hoch. Ein Haus bleibt im Aussehen gleich, bis es wieder einmal renoviert wird; ein Garten muss dauernd besorgt werden, ob man ihn nun gleich halten will oder ändern. So sind Bürgergärten von allem Anfang an, wenn überhaupt stilistisch bestimmbar, dann eklektisch. Zu ihrem heutigen Aussehen hat allerdings der Niedergang der öffentlichen Gärtnerei noch das Ihre beigetragen.

Aus Gründen, die historisch erklärt werden könnten, wurde im 19. Jahrhundert der romantische Garten zum Grundmuster des städtischen Gartens, sei dieser nun öffentlich oder privat. Es handelte sich um eine auf die – naturgemäß kleinen – städtischen Parzellen angepasste Variante des englischen Landschaftsgartens, versehen noch mit einigen Neuerungen aus der Verfallszeit, insbesondere dem ornamentalen Blumenbeet, dessen Kombination mit dem Naturgarten schon bei Pückler-Muskau zu sehen ist. Dieses mit einigen eklektischen Elementen versehene Grundmuster des Naturgartens ist genügend vielseitig, um auf die verschiedenen Wendungen und Windungen der Stilentwicklung im Historismus der Gründerzeit zu antworten. Bald rückt der Teich in die Symmetrieachse und erhält einen Springbrunnen, bald überwiegen asymmetrische Elemente, und meist erfolgt ein Stilwechsel zwischen den Gartenteilen vor und hinter dem Hause.

Schwieriger zu erklären ist es, weshalb die Befreiung von historischen Mustern und grundrissmäßigen Vorgaben in der Architektur, wie sie in der Jahrhundertwende vorsichtig einsetzte, um dann im modernen Stil zum freien und fließenden Grundriss zu werden, weshalb diese Befreiung auf der Gartenseite durch eine stärkere Regelhaftigkeit und Architektonisierung des Gartens beantwortet wurde. Wohl schwerlich wird man hierfür gesellschaftliche Gründe finden können; vermutlich beruht der Effekt ganz einfach auf der allmählich ästhetischen Verschlissenheit des romantischen Musters. Dennoch erscheint es paradox, wie gerade die Versteifung der Elemente damals als Befreiung begrüßt werden konnte.

Studiert man die Frage im Detail, weshalb der architektonische Gartenstil nach 1900 „fortschrittlicher" ist als der Landschaftsstil, so stößt man auf Paradoxien, die auch andere Teile der Planungstheorie beleuchten. Der Landschaftsgarten in seiner gründerzeitlichen Form ist „fertig", er bietet dem Besitzer keine Anregung zur Beschäftigung mehr. Dank seinem festen Rahmen aber ist der architektonische Garten unfertig und prozessual: Er brachte auch den Staudengarten, die wohl anregendste Form gärtnerischer Betätigung für den Amateur. Mit dem Staudengarten – und seiner besonderen Form: dem Alpineum – gab der architektonische Garten auch der Blume wieder die Ehre; denn im Gründerzeit-Garten erschien sie nur im Vordergrund als Blumentorten-Beet, im landschaftsgärtnerischen Hintergrund war sie ganz ausgeklammert. – Die Leidenschaft, mit der nach 1900 gerade die sozial interessierten Gärtner und Gartenschriftsteller für den neuen architektonischen Stil eintreten, zeigt, dass die oberflächliche Gleichsetzung von formalem Aussehen und Vollendung, Landschaftsstil und Entwicklungsmöglichkeit, nicht aufgeht.

Die großen, symmetrischen Parkanlagen aus dieser Zeit sind heute selten geworden. Dass sie einst als soziale Errungenschaften gefeiert werden konnten, dass es sich um Flächen handelt, die sich einst eine scharf kalkulierende Bürgerschaft zukunftsfreudig leistete, wird heute kaum mehr nachempfunden: eher glaubt man, es handle sich um überschüssigen Platz. Woher das kommen mag?

Die Aussage, die heute einem Park oder Garten abverlangt wird, ist sehr stark an den Begriff der „Erholung“ gebunden. Nun findet diese Erholung im Park nicht physisch statt. Das dortige Spazierengehen und Herumsitzen ist physisch genau so ermüdend wie im Büro; vielmehr beruht die Erholung darauf, dass dem Gehirn über die Wahrnehmung entspannende Signale zugehen. Und genau diese Signale oder Zeichen sind heute wieder in hohem Maße mit „Naturähnlichkeit“, also mit Asymmetrie, organischen Formen und häufigem Wechsel verbunden. Früheren Generationen haben offenbar genau entgegengesetzte Signale Erholung vermittelt: Ordnung, regelmäßiger Aufbau, Gleichförmigkeit der Elemente, Weite des Blicks – diese Umwertung der Zeichen, diese Veränderung des Signales für Erholungswert hat natürlich die älteren Anlagen rasch entwertet. Wo, wie im Privatgarten, der Besitzer raschen Zugriff hatte, veränderte er die Anlage mit oder ohne die Ratschläge des Gartengestalters. Bei öffentlichen Anlagen erfolgte entweder eine radikale Neuplanung oder – und diese Fälle werden immer seltener – eine museale Haltung –, dass aber bei allen Veränderungen immer wieder, in kleiner Dimension, Versatzstücke aus dem Repertoire des architektonischen Gartens mitverwendet werden, entspricht der Eklektik aller unserer gegenwärtigen Gartengestaltung.

Die Bundesgartenschauen in der Bundesrepublik und die in viel längeren Abständen folgenden schweizerischen Gartenschauen nehmen für sich in Anspruch, den gegenwärtigen Stand des Gartengewerbes zu repräsentieren. Es ist also nicht ungerecht, wenn wir sie als repräsentativ für den Verfall der Gartenkunst ansehen. Von den beiden herrschenden Stilen, dem „Anlagenstil“ mit den überdüngten Blumenbeeten und dem „Romantischen Stil“ werden just die unbrauchbarsten Mischformen erzeugt. Da sieht man „romantische“ Geländebewegungen vollkommen überpflanzt mit Blumenschlachtfeldern, oder man sieht die Blumenbeete angelegt unter den Zweigen eines alten Baumbestandes, also gerade dort, wo man im Sommer gerne selber hinstehen würde, wo Blumen aber langsam zugrunde gehen. Oder man sieht Blumenkübel in den Rasen hineingestellt, oder einen Teich mit natürlich bepflanztem Schilffufer und in der Mitte die Düse eines Springbrunnens … Als Lehrer ist man dankbar für solche Beispielsammlungen des Verkehrten, und ich besitze davon ganze Diakästen. – In Stuttgart (1977) sollte eine kühne Neuerung gezeigt werden: eine Wiese mit blühenden Wiesenblumen, die sich bis in einen Hain alter Bäume fortsetzten. Die Schweizerische Zeitschrift „Der Gartenbau“ sah darin schon fast den Untergang des Gartengewerbes. Zu früh: die Stuttgarter Gartenpfleger sorgten selber, dass diese Wiese nicht etwa von Dauer ist. Sie mähten die Blumen schon vor der Aussaat ab. „Das geht ja ohnehin nicht“, meinte ein Gärtner, den wir beim Mähen ansprachen, „so könnten wir ja im Winter das Laub nicht von der Wiese fegen“.

Wo zeigen sich, nach so niederschmetternden Feststellungen, Ansätze für eine Regeneration der Gartenkunst? Denn eine Gartenkunst brauchen wir, ob uns das Wort gefällt oder nicht; wir leben in Städten, und wir sind darauf angewiesen, dass wir uns auf den Restflächen dieser Städte erholen. Immer wichtiger wird die Durchsetzung der Städte mit Flächen oder Anlagen, die auf verschiedenem Niveau, und für verschiedenes Publikum, für Mütter mit Kindern, für selbständige Kinder, für heranwachsende, für Spaziergänger und für Müßiggänger Aufenthaltsorte im Freien schaffen. Die Ausbreitung der Stadt verlangt auch die Dezentralisierung zugänglicher Flächen. Gesucht sind also Ansätze, die diese Flächen nutzbar, verfügbar, dauerhaft und auch – schön machen. Nicht alle gleich schön, aber doch jede in ihrer Weise.

Wir sehen zunächst Ansätze an den beiden Extremen der Skala. Das eine Extrem ist der kleine Garten, der winzige Privatgarten, wie er von Bernard Lassus wieder ins Blickfeld gerückt worden ist. Was tun die einfachen Leute, die ein kleines Grundstück mit viel Liebe zu ihrem Park herrichten? Worin liegt die Ästhetik des Schrebergartens? Kann der Gärtner von den kleinen Leuten lernen, wie der Architekt von Las Vegas? – Und das andere Ende der Skala ist die große Dimension, die Brache. Wenn die zu pflegenden Flächen immer zahlreicher und ausgedehnter werden, wie kann solche Pflege noch bewältigt werden? Muss uns da nicht, neben dem Schrebergarten, auch die Brache, der Bahndamm, die Baulücke eine Lektion erteilen.

Nennen wir den kleinen, im Übermaß fast gepflegten Privatgarten der Kürze halber den „Schrebergarten“. Das Wesen des Schrebergartens besteht darin, dass er Bedeutung enthält. Oft ist diese Bedeutung nur dem Besitzer verständlich, nur durch eine Erklärung vermittelbar, oft nicht einmal dieses. Immerhin aber kann auch der Beschauer Bedeutung hineinlegen. Bernard Lassus hat solche Bedeutungen zu entziffern versucht: eine Reihe von ihm beobachteter Schrebergärten enthält Distanzsymbole. Die Kleinheit des Gartens weist auf eine größere Weite. Das schönste Beispiel ist der von Lassus in Nordfrankreich gefundene Vorgarten, der zwischen Haus und Bürgersteig ein Blumenbeet enthält, das die Form eines Schiffes hat. Am Fenster steht ein Gartenzwerg, der mit einem Fernrohr dem Schiff nachblickt – mit vier Schritten Abstand das Symbol der Weite des Meeres.

Was bedeuten Gärten, wie sie der heutige Gartenarchitekt anlegt? Beflissen schiebt er seine Requisiten, Verbundpflaster, Quarzitplatten, Trockenvegetation, imitiertes Bachbett, nierenförmiges Blumenbeet, waldrandartiger Buschabschluss auf dem Plan hin und her; Elemente, die alle einstmals ihren Sinn hatten, der heute längst verschlissen ist. Bedeutung? – Diese Frage würde unser Gartenarchitekt weit von sich schieben, dafür hat er einen viel zu guten Geschmack.

Lernen wir also vom schlechten Geschmack! Der öffentliche Garten kann nicht in dem Maße persönliche Bedeutung vermitteln wie der private; das Gartenamt kann keine Gartenzwerge aufstellen, wenn auch seine sogenannten Kunstwerke nicht sehr viel erhabener sind. Das Problem liegt gerade darin, dass sich die Information des Gartens an ein Publikum richtet, das unterschiedliche kulturelle Voraussetzungen hat, das aber dennoch gerne eine Bedeutung erkennen würde. Hier scheint uns der „bedeutungsvolle Garten“, wie er von Bernard Lassus und, in anderer Weise, von Hamilton Finlay vertreten wird, einen der möglichen Ansätze darzustellen. – Der bedeutungsvolle Garten ist zunächst einmal reich, insofern enthält er eine Vielfalt von Bedeutungen, die nicht alle abgelesen werden müssen. So wird es im gleichen Garten möglich sein, wie Lassus es ausdrückt, „auf der Prärie zu spielen, Getreide zu säen, Pflanzen zu bestimmen, das Quaken der Frösche nachzuahmen, sich im Walde zu verirren oder, mittels kleiner Darstellungen der Legenden der Region, von der sagenumwobenen Vergangenheit des Ortes zu träumen".

Der bedeutungsvolle Garten muss anknüpfen an die Gartenkunst des Volkes. Bedeutungen nützen nur demjenigen, der sie interpretieren kann. So arbeitet der Gartengestalter zunächst mit bekannten Elementen, allerdings solchen, die sich noch nicht in der Hand der Routine verschlissen haben. Er greift zurück auf die Kirchhöfe, die Kapellen der Passionswege, die Calvarienberge und die Lourdes-Grotten, wie sie zu Ende des letzten Jahrhunderts angelegt wurden. Aber er bleibt damit nicht stehen: sobald der Betrachter wieder erkannt hat, dass hier Mitteilungen abgegeben werden, wird er auch andere Symbole zu interpretieren suchen. Und hier öffnet sich eine neue Chance für moderne Kunst, die nun nicht mehr in isolierter Verfremdung irgendwo auf einem Parkrasen „aufgestellt" werden muss, sondern die selber einen Raum mit Bedeutung schafft. So sind die von Hamilton Finlay ausgelegten Schriftsteine nicht Monumente in sich, sondern nur im Zusammenhang mit dem betreffenden Gartenabschnitt.

Nicht jeder öffentliche Garten kann ein bedeutungsvoller sein. Solche Fluchtburgen der Poesie müssen selten bleiben, damit sie nicht vulgär werden, und damit sie sich nicht einem Publikum aufdrängen, das sie gar nicht will. – So setzt die sicherlich bedeutungsvollere Tendenz neuer Gartengestaltung am anderen Ende ein, wie oben gesagt, bei der Brache. Ihr Prophet ist Louis Le Roy, und ihr Dogma ist noch nicht geschrieben, weil sie undogmatisch bleiben müssen. Der Garten der Brache wird gleichgesetzt – auch von Le Roy selber – mit dem ökologischen Garten; dieses mit einem gewissen, aber nicht mit vollem Recht. Die Gärten von Le Roy sind ökologisch, die brauchen keine Düngung, sie verschmutzen das Grundwasser nicht, sie enthalten keine Pflanzen, die in Treibhäusern oder komplizierten Zuchtverfahren aufwachsen, und sie geben der einheimischen Fauna Gelegenheit, sich zu vermehren. Sie sind also ökologisch, aber nicht auf Ökologie hin angelegt. Sie haben nichts zu tun mit den sogenannten Öko-Häusern, in deren verglasten Teilen komplizierte botanisch und mikrobiologische Prozesse in Gang gebracht werden, um ökologische Kreisläufe zu erzeugen. Bei Le Roy ist die Ökologie sozusagen ein Effekt, wenn auch ein willkommener.

Der Brachegarten beruht auf dem Gedanken der Pflanzengesellschaft. Eine einzelne Pflanze, oder aber ein Beet mit lauter gleichen Pflanzen, erhalten sich nicht von selbst; sie bedürfen der Pflege. In der Natur lebt die Pflanze stets in der Pflanzengesellschaft; eine Gruppe von zehn bis fünfzehn Pflanzenarten bilden einen Teppich, in welchem die teilnehmenden Arten mit unterschiedlicher, aber regelmäßiger Häufigkeit auftreten. In diesen Pflanzengesellschaften erhalten sich auch sogenannt seltene, kostbare Arten: Türkenbund, Narzisse, Frauenschuh – sie sind selten, weil die sie erhaltenden Pflanzengesellschaften selten geworden sind; innerhalb derselben aber sind sie nicht gefährdet.

Pflanzengesellschaften also bilden stabile oder sich in einer bestimmten, vorhersehbaren Weise verändernde, bodenbedeckende Überzüge aller nur einigermaßen für Pflanzen taugliche Standorte. Pflanzengesellschaften, nicht einzelne Pflanzen, sind also auch das Material eines sparsamen, extensiv arbeitenden Gärtners. Pflanzengesellschaften sind aber auch für den Menschen

Informationsträger, selbst wenn er das nicht weiß. Sie geben ihm Mitteilungen über biologische sowohl wie gesellschaftliche Verhältnisse: eine bestimmte Pflanzengesellschaft sagt aus, ob der Boden hier trocken oder feucht, arm oder fruchtbar, besonnt oder kühl sei. Sie sagt aber auch etwas darüber aus, ob dieses Grundstück benützt oder verlassen, begangen, beweidet oder irgendwie unterhalten ist und wie lang dieser Zustand schon etwa andauert. An der Pflanzengesellschaft liest ein Spaziergänger ab, ob der Bauer hier eine Rendite erwartet oder nicht; davon hängt ab, ob man sich hier hinsetzen und ein Picknick-Feuerchen entfachen darf. Diese Informationen, so komplizierte Tatbestände dahinterstehen und so spät auch die Pflanzensoziologie als Wissenschaft erst entwickelt worden ist, sind jedermann zugänglich, ob er es sich bewusst macht oder nicht.

Pflanzengesellschaften haben infolge dieser Informationskraft aber auch eine ästhetische Wirkung. Wir können in Gärten die Effekte vorkommender Pflanzengesellschaften reproduzieren oder, wenn der Boden ungeeignet ist, mit anderen Pflanzen imitieren. Die Freude am Waldrand, der signalisiert, dass hier keine Ernte erwartet wird und deshalb auch kein Bauer die rastende Familie vertreibt, kann im eigenen Unkrautgarten leicht simuliert werden. Sie könnte auch im öffentlichen Bereich, mit wenig Pflege und ohne Beschriftung das Publikum zum richtigen Benutzen der betreffenden Stelle einladen.

Der von Louis Le Roy entwickelte Gartenstil wäre also zunächst ein Mittel der Beherrschung der großen Dimension. Es können Flächen extensiv angelegt werden, ohne dass sich der Gärtner Sorge darüber macht, wer sie später pflegt. Sie haben die doppelte Eigenschaft, dass sie ohne Pflege sich fortlaufend erhalten und zudem noch Überraschungen hervorbringen – wie das Auftreten und Verschwinden von Pflanzenarten, und dass sie überdies das Publikum dazu einladen, Hand anzulegen und Veränderungen zu produzieren.

Keineswegs aber braucht sich diese Methode auf große Flächen zu beschränken. Vielmehr können mit ihr gerade typisch städtische Standorte, alte Baugruben, steckengebliebene Bauplätze, Böschungen und Halden kurzfristig in Aufenthaltsorte verwandelt werden. Freilich wird zunächst nur die Altersgruppe der Heranwachsenden von solchen Arealen Gebrauch machen. Zu fremd ist der etablierten Generation die Ästhetik solcher wilden Gärten. Dass es sich aber um eine Ästhetik handelt und nicht etwa um bloße Zufälligkeit und Entropie, das beweist die Geschichte von Le Roys selbst angelegtem Garten um das Medizin-Studentenheim von Louvain-la-Neuve. Der aus angeschüttetem Baumaterial und Pflanzengesellschaften der Steinbrüche gebildete wilde Garten verbreitete eine derart obrigkeitsfeindliche Information, dass die Anlage gegen den Willen der Medizinstudenten und unter Polizeischutz auf allerhöchsten Befehl der Bischöfe Belgiens eingeebnet worden ist.

## Und die Landschaft?

In seiner Kritik der Urteilskraft hat Immanuel Kant die Landschaftsgärtnerei an die Spitze der Künste gestellt: sie ist es, die in reinstem Maße seine Ansprüche an Kunst erfüllt, nämlich Zweckmäßigkeit ohne Interesse darzustellen. Ein Landschaftsgarten ist ein Stück Landschaft, das eine Form von Bewirtschaftung darstellt, an deren Ertrag aber kein „Interesse" besteht, das heißt, kein Anspruch an einer Verzinsung des darin steckenden Kapitals.

Ein Landschaftsgarten wäre also eine Darstellung; und der Maler Reynolds rät auch seinen Schülern, keine Landschaftsgärten zu Vorlagen von Malereien zu nehmen. Denn dadurch würde, in unserer Sprache ausgedrückt, Darstellung dargestellt, abbildendes abgebildet – was aber stellt denn überhaupt eine Landschaft dar, die kein Landschaftsgarten ist? Wie kommt es denn, dass wir sie betrachten als ob es ein Kunstwerk wäre?

Die Landschaft ist ein merkwürdiger Begriff, und über ihren ideologischen Gehalt hat insbesondere der Geograph Hard nachgedacht. Er geht von der Frage aus, woher sich die Geographen das Recht nehmen, bestimmte Bündel von Phänomenen als eine Landschaft zusammenzufassen und dann von da aus zu urteilen, ob etwas landschaftstypisch sei oder nicht. So „passen" zur Landschaft des Ruhrgebiets nicht nur allerhand natürliche Gegebenheiten, und darüberhinaus menschgemachte Dinge, wie Bohrtürme, Förderanlagen, Hochöfen, sondern auch die von der Schicht heimkehrenden Bergleute mit ihren blauen Schirmmützen. Auch der Direktor des stillgelegten Bergwerks, der heute den letzten Bewohnern seiner Bergmanns-Siedlung Kündigungsbriefe schreibt? – Der zweifellos nicht, so würde unser Geographielehrer urteilen.

Der Begriff der Landschaft beruht also auf einem Zirkelschluss: wir konstruieren als Eigenschaften der Landschaft das Typische, und leiten aus diesem Typischen wieder ab, was in dieser Landschaft vorkommen darf und was nicht – und dass das Ruhrgebiet die wohl im allgemeinen Urteil „typischste“ Landschaft Deutschlands ist, ist wiederum die Folge einer systematisch konstruierten Legende: Dass sich das fruchtbare Gebiet zwischen Ruhr und Emscher zu Ende des 19. Jahrhunderts in so rasanter Weise verändern werde, lag über das Vorkommen von Kohle hinaus an bestimmten historischen, technischen und vermutlich auch zoll- und tarifpolitischen Gründen. Dass diese Veränderungen nun insgesamt als die Entstehung einer „Landschaft“ gesehen wurden, ist wohl wiederum eher die Folge nationalistischer Propaganda im Hinblick und während der Kriege durch die bestallten Träger des Reichsgedankens, nämlich die Lehrer, und das ganze, so aufgebaute Urteilsgebäude nimmt heute, unter den Bedingungen des Niedergangs und einer gewissen Nostalgie nach der Eisenbahnzeit, geradezu den Charakter von Wirklichkeit an.

Voraussetzung für den so – nämlich geographisch – verwendeten Landschaftsbegriff ist ein Oszillieren zwischen einer ästhetischen und einer wissenschaftlichen Beschreibung des Objektes. Ihren Ursprung hat die Landschaft in den Künsten, und zwar in der Poesie zunächst, und dann in der Malerei. Die Landschaft ist ein Konstrukt, nämlich ein Gebilde in unseren Gehirnen, welches es uns ermöglicht, die zahllosen Eindrücke der Umwelt durch Ausfilterung wahrnehmbar zu machen. Und zwar ist es ein Konstrukt von in Städten lebenden Bevölkerungen. Unsere vom Lande lebenden Vorfahren haben ihre Eindrücke zweifellos anders gefiltert:

sie sahen Beeren und Pilze, jagdbare Tiere, später dann Früchte, Felder, Brennholz, was man im Winter dann sammeln kann, und noch ein Restchen Gras an einer Böschung, die man zu mähen vergaß. Landschaft also ist das Bild der Umwelt „ohne Interesse".

Um Landschaft wahrnehmen zu können, muss das Konstrukt im Kopf schon aufgebaut sein. Es wird aufgebaut durch die Erbschaft an „Kultur", die jeder Mensch unbewusst aufnimmt und mit sich trägt. Man braucht Horaz nicht gelesen zu haben, um die an einer Quelle lagernden Schafe schön zu finden; das Bild des „lieblichen Ortes" wird vermittelt auf Kalendern, in Groschenromanen, durch Zigarettenreklamen und das, was Erwachsene sonntags ihren Kindern zeigen. Dennoch baut sich der liebliche Ort auf aus Requisiten, wie sie die Dichtkunst und Landschaftsmalerei erstmals vor 2000 Jahren zusammengetragen und bereitgestellt haben.

Im 18. Jahrhundert kam es in England zu dem seltsamen Bedürfnis, Landschaft in der Landschaft abzubilden. Dieses hatte seinen ganz bestimmten gesellschaftlichen Grund. In England lebte der Adel von seinen Landgütern, indem er Lebensmittel in die Stadt verkaufte. Das so gewonnene Geld gab er zum größten Teil in seinem Stadtpalast in London aus. Neben der Landaristokratie kam im Laufe des 17. und 18. Jahrhunderts in London die Geldaristokratie zu ähnlich großen Vermögen. Diese Vermögen verdiente man aber in der Stadt. Um es nun dem Adel gleich zu tun, erwarb sich auch die Geldaristokratie Landsitze, wo aber nicht Geld verdient, sondern ausgegeben wurde. Auf diesen Landsitzen sollte also nicht Landleben gelebt, sondern dargestellt werden. Dic englischen Gärten sind Darstellungen genutzter Landschaften „ohne Interesse".

Damit aber nicht unverstanden bleibe, dass es sich um eine Darstellung und nicht um wirkliche Landwirtschaft handle, wurde als Vorbild der Darstellung nicht die englische, sondern die römische Landschaft genommen. In der Tat fuhren nicht nur englische Künstler, sondern sogar englische Bankiers – Robert Colt Hoare – nach Rom, um die römische Campagna daraufhin zu studieren, in welcher Weise sie in der englischen Landschaft abgebildet werden könne. Die Tempel, Aquädukte und Ruinen des englischen Landschaftsgartens dienen also dazu, dass Landschaft überhaupt sichtbar wird für den, der noch gar nicht recht weiß, was Landschaft ist, weil er bisher genutztes Land nur im Hinblick auf das „Interesse", auf den landwirtschaftlichen Gewinn angesehen hatte. Dass im Landschaftsgarten, selbst wenn er später keine Ruinen mehr aufwies, in keinem Augenblick etwa Natur dargestellt werden sollte oder dass etwa eine Verwechslung von Landschaft mit Natur vorliege, das ergibt sich auch sogleich aus jenem Text, mit welchem der englische Garten seinen Start auf dem Kontinent machte: dem 11. Brief des Vierten Buches aus der „Neuen Héloise" von Rousseau. Die Stelle kann jeder nachlesen: sie beginnt mit der Schilderung, wie der Baron seinen mit geschnittenen Rosskastanien angelegten Ziergarten in einen Nutzgarten umwandelte, der die Bauern der Umgebung mit Maulbeerzweigen für die Seidenzucht versorgen sollte. Und gerade, wenn der Leser anfängt zu glauben, dieses sei der neue Landschaftspark, geht die Gesellschaft durch ein Pförtchen in den ehemaligen Nutzgarten. Dieser aber ist in einen Ziergarten umgewandelt worden, indem das dortige Obst nun verwildert und „ohne Interesse" gehalten wird. Und dass es mit dem Verzicht auf den Zins auch ernst gemeint sei und nicht etwa ein ohnehin wertloses

Stück Land hier brach liegengelassen werde, werden auch noch die Gestehungskosten erwähnt, welche für den Umbau des Obstgartens in einen nutzlosen Nutzgarten gezahlt werden mussten. Man sieht: um diese Zeit ist der Adel auch auf dem Kontinent schon sehr verbürgerlicht und rechnet genau. Er ist aber noch adlig genug, um zu wissen, dass hier nicht Natur, sondern Trug erzeugt wird.

Unser heutiges Interesse an diesen Gedanken ist hervorgerufen durch das große Ausmaß an Zerstörung, das in den letzten hundert Jahren in unserer Landschaft um sich griff. Schon zu Ende des 19. Jahrhunderts entstand daraus die Vorstellung, es müsse die Landschaft vor Veränderungen geschützt werden. Wie aber schützt man Landschaft, die ja nicht in der Natur draußen existiert, sondern nur als ein Konstrukt in unserem Kopfe? Müssen wir den Weg zurückgehen ins 18. Jahrhundert und Landschaft in der Landschaft darstellen? – Einige Manifestationen in der zweiten Hälfte des 19. Jahrhunderts sind nahe daran. Das Panorama von Thun ist eine Fixierung der zu einem Zeitpunkt bestehenden Landschaft in einem Rundgebäude als trompe-l'oeuil. Etwas später wurde in Interlaken zur Fremdensaison abends in einem Theaterraum ein Landschaftstheater gegeben, bei welchem auf Transparenten Alpenlandschaften dargestellt und erklärt wurden. Alle diese Dinge erinnern ein wenig an Goethes „Triumph der Empfindsamkeit" und den darin vorkommenden Prinzen, der mit einer im Koffer verpackten Natur zu reisen gewohnt ist.

Der Tourismus des 19. Jahrhunderts konsumiert mit der Zeit die gesamten Landschaften Europas in der Reihenfolge ihrer abnehmenden Lieblichkeit. In der Schweiz waren es zunächst die Seen des Tieflandes, Zürichsee, Bielersee, Genfersee, und vor allem der Vierwaldstättersee, die schon zur Goethezeit frequentiert waren. Die nachfolgende Generation stieg in den Jura, zur oberen Seenstufe, Thunersee und Brienzersee, und in die Voralpen. Jahrzehnte später war auch die Stufe oberhalb der Seen, die Zone der großen Wasserfälle, Giessbach, Staubbach einschließend, überwunden und man befand sich in den eigentlichen Alpentälern. Die Pässe verloren ihre Schrecklichkeit, und es entstanden die alpinen Fremdenzentren. Ging es noch höher? – Es entstanden die Bergbahnen, die Alpenclubhütten, und es erfolgte die Inbesitznahme auch des Winters. Zu Beginn des neuen Jahrhunderts war die Schweiz touristisch erschlossen und in Gefahr, touristisch verbraucht zu sein.

In diesem Zusammenhang entstand der Gedanke, der, seiner Zeit entsprechend, natürlich auch ein naturwissenschaftliches Mäntelchen trug, Landschaften, oder wenigstens eine Schweizer Landschaft, integral zu erhalten. Der kleine, von einem Gastwirt inszenierte Luzerner Gletschergarten sollte durch eine große, nationale Tat in den Hochalpen seinen würdigen Nachfolger finden: Den Nationalpark.

Der Gedanke der Erhaltung durch vollkommene Stilllegung, durch den Schutz vor der landwirtschaftlichen und jagdlichen Ausbeutung und vor dem Tourismus, erhielt den Charakter eines wissenschaftlichen Experimentes: mit der Zeit sollte sich das einstellen, was man sich als einen Urzustand und als ein prästabilisiertes, vom Menschen noch nicht oder nicht mehr gestörtes Gleichgewicht dachte. Nun, wie man weiß, und wie Fachleute es besser referieren können, stellt sich ein solches Gleichgewicht nicht ein. Mit oder ohne menschliche Störung – gehört der Mensch eigentlich zur Natur oder nicht? – läuft ein Prozess von Ungleichgewichten ab, als deren bedeutendstes die gegenwärtig im Nationalpark auftretende Massierung von Hirschen zu betrachten ist. Zudem stellte sich heraus, dass gewisse Phänomene, die man als den Gipfel der Natürlichkeit betrachtet hat, abhängig sind von menschlichen Wirtschaftsweisen: so gedeihen die schönen Alpenblumen durchaus nicht am besten auf Wiesen, die nie betreten werden, sondern auf solchen, wo wenigstens einmal jährlich Wildheu geerntet wird. So stellt sich die Frage nach der Erhaltung von Landschaft heute neu. Sie lautet nicht mehr: wie schützt man die Landschaft vor dem Menschen? Sondern: wer bewirtschaftet die Landschaft noch im gewünschten Sinne? Und dieser Frage folgt unweigerlich die weitere: was ist denn an der Landschaft überhaupt schön? Denn, wie wir eingangs gesehen haben, ist ja die Landschaft nicht Gesamtheit der uns umgebenden Phänomene, sondern vielmehr diejenige Auswahl aus den Eindrücken, die unseren Sinnen die gewünschte Wahrnehmung von Landschaft eingeben. Wenn es also möglich ist, dass nicht nur mittelalterliche Burgen, sondern auch Bergwerke und Gießereien Bestandteile von Landschaft werden, so sind vielleicht dereinst die Gestänge zerfallener Bergbahnen und Skilifte Gegenstand nostalgischer Betrachtung und Orte unvergesslicher Spaziergänge.

Wenn wir aber annehmen, und die Wahrscheinlichkeit spricht dafür, dass bis auf weiteres das Bild der überkommenen Landwirtschaft, der Landwirtschaft also, wie sie von den Rationalisierungsmethoden des Lebensmittelmarktes heute verdrängt wird, als schön empfunden wird, so stellt sich die Frage, wie dieses Bild erhalten werden kann. Aller Wahrscheinlichkeit nach gehen die Gegenden Europas einer Zweiteilung entgegen: die eine Hälfte verliert ihre Schönheit durch die

Monokultur. Weite, landwirtschaftlich genutzte Gegenden sind heute ästhetisch uninteressant bis abstoßend durch die einheitliche Nutzung. In gewissen Gegenden ist die Viehhaltung soweit degeneriert, dass die Tiere nicht mehr auf den Weiden stehen, sondern in Ställen gehalten werden, während die ehemaligen Weiden nur dazu dienen, den Dung dieser Tiere aufzunehmen, der so konzentriert ist, dass Gras nicht mehr wächst. – Andere Teile Europas gehen der Brache entgegen, weil eine Bewirtschaftung in einem marktwirtschaftlich weltweiten Raum nicht mehr rentabel erscheint.

Ist diese Prognose riesiger Brachen richtig, so bräuchten wir um die Entstehung von „Nationalparken" nicht besorgt zu sein. Aber es wird sich weisen, dass die unberührte Natur im Tiefland noch hektischere und bösartigere Periodizitäten erzeugt als in den Hochalpen. Diese Brache wird nicht schön sein, nicht einmal zugänglich. Wenn wir das brachfallende Land wenigstens der Freizeit noch zuführen wollen, so muss es in irgend einer Form erhalten werden.

Deshalb sind die Probleme, die sich heutiger Landschaftsgestaltung stellen, weiträumiger als je zuvor. Die Erhaltung der bedrohten Landschaften kann nur auf zwei Arten erfolgen, und vermutlich müssen die beiden miteinander kombiniert sein: auf der einen Seite eine extrem extensive Pflege, die mit wirklich rationellen Mitteln große Flächen in einigermaßen gleichgewichtigen Zuständen hält. Auf der anderen Seite eine Nutzung auf Hobbybasis, bei welcher Städter durch in Besitznahme an der Erhaltung von Landschaften interessiert werden, indem sie bejagen, befischen, beweiden und damit vor extremen Ausschlägen der Veränderung von Fauna und Flora bewahren. Bedenklich ist, dass diejenige menschliche Tätigkeit, die einst erfunden worden ist, um Zerstörungen zu verhindern, heute ein Element der Zerstörung geworden ist: Der Sport. In einer städtischen Gesellschaft war der Sport eine Möglichkeit, Betätigungen vorzunehmen, bei welchen der Schauplatz am Ende im gleichen Zustand befindlich ist wie am Anfang. Dieses war ein großer Fortschritt und führte dazu, dass sich Menschenmassen amüsieren konnten, ohne Reichtum und Schönheit der Umwelt zu zerstören. Heute ist der Sport, und in den Alpen ist es im wesentlichen der Motorsport und der Skisport, zum eigentlichen Landschaftszerstörer geworden. Mit der Planung von Skipisten entfernt man Humusbeläge, deren Aufbau Jahrhunderte gedauert hat, und mit der Anlage von Schneisen durch die Wälder werden irreversible Prozesse eingeleitet. – Erfolgt der Schutz der Landschaft, nach moderner Planung, mit Hilfe des Menschen, so muss er sich aber im Falle des Massensports gegen solche Fehlnutzung richten.

## Kann man das Ortsbild schützen?

Gegenüber dem blassen Schutz einzelner, kunstgeschichtlich oder historisch wertvoller Gebäude ist der Gedanke eines Ortsbildschutzes ein Fortschritt in zweierlei Richtung. Einmal wird mit dem Ortsbildschutz angestrebt, die wichtigen Objekte in ihrer natürlichen Umgebung zu belassen und ihnen einen Rahmen zu bewahren, der in ästhetischer wie auch sozial geschichtlicher Hinsicht passt und den Gesamtwert des Ensembles erhöht. Zum anderen aber auch ist mit dem Begriff des Ortsbildes eine gewisse Wandlung nicht ausgeschlossen. Ortsbildschutz verlangt keine Versteinerung des Ortes in einem einmal erreichten Zustand, wie dies etwa der Denkmalschutz eines integral geschützten Bauwerks postuliert, sondern es sollen damit bestimmte Kriterien oder Dimensionen eines Ortes erhalten bleiben: eben jene, welche das Ortsbild ausmachen.

Woraus aber besteht dieses Ortsbild? Was ist damit geschützt, wo sind Veränderungen tolerierbar? – Wie das Nachwort „Bild“ andeutet, soll der ästhetische Eindruck erhalten werden, den die geschützte Ortschaft in unserem Wahrnehmungsvermögen hervorruft. Ein gemaltes Bild besteht aus jenen Elementen, die der Maler als für seine Botschaft wesentlich in sein Gemälde aufgenommen hat; ebenso besteht in diesem übertragenen Sinne ein „Bild“ aus jenen Wahrnehmungen, welche die Betrachtung eines Ortes zur Empfindung der Schönheit werden lassen. Dabei filtert unsere Wahrnehmung „Unwesentliches“ bis zu einem gewissen Grade aus; wir übersehen großzügig die geschmacklose Bierreklame am historischen Wirtshaus, den Schaufenstereinbau des alten Bauernhauses daneben, einen Rest geklebter und vom Wetter zerfetzter Ankündigungen am Rathaus sowie eine mit Plakaten überklebte Telefonkabine. Alle diese Störungen genügen nicht, um in unserer Wahrnehmung das Bild einer alten Ortschaft zusammenbrechen zu lassen.

Mit dem Wort „Bild“ wird also ausgedrückt, dass vom Gesamtbestand des einstigen Ortes einiges fehlen, anderes verändert sein kann, wenn nur die Wahrnehmung der einstigen Gesamtheit noch erfolgt. Das führt zu der pragmatischen Frage: Wieviel darf denn fehlen? Welche Veränderungen erträgt das Ortsbild? Wann wird die Störung so stark, dass das vorteilhafte Bild, das das Dorf bei uns und anderen hervorgerufen hat, nicht mehr erscheint?

Bevor wir über diese Frage etwas tiefer nachdenken, muss noch ein anderer Punkt berührt werden: das Orts-„Bild“ ist nicht für alle Betrachter das gleiche. Genau so, wie von der gleichen Landschaft zehn Maler zehn verschiedene Bilder malen, so erzeugen die identischen Merkmale bei verschiedenen Betrachtern unterschiedliche Wahrnehmungen. Die Aussortierung dessen, was unsere Wahrnehmung anreichert und was von ihr als „unwesentlich“ ausgeschieden wird, hängt ab von der Persönlichkeit des Wahrnehmenden. Da gibt es individuelle Unterschiede, Unterschiede, die sich auf Vorbildung und Interessen zurückführen lassen, aber vor allem unterscheidet sich das Ortsbild des Städters von dem des Bauern. Und so öffnet sich nach unserer Hauptfrage, was denn das Ortsbild ausmache, gleich die zweite: wessen Ortsbild erhalten wir denn?

Oder vielleicht müssen wir noch deutlicher fragen: für wen erhalten wir Ortsbilder? Die Entdeckung, dass Ortschaften lieblich sind, ist wohl eine Entdeckung von Städtern, die zu ihrem Vergnügen oder ihrer Erholung auf das Land fuhren. Damals, im 18. und 19. Jahrhundert, als die Städter die Lieblichkeit der Dörfer entdeckten, interessierten sich die Ortsbewohner wohl noch für ganz andere Fragen: ob es sich hier leben lasse, ob der Boden fruchtbar sei, frei von Zinsen, und der Wald genügend Holz abwerfe für den Winter. Das sind wichtige Fragen, und ergeben zusammen auch ein Ortsbild. Aber vielleicht fanden die Städter gerade jene Orte besonders hübsch, in denen sich schlecht leben ließ, und von wo die Bauernsöhne auswanderten. – Auch der Landbewohner mag sich eine neue ästhetische Betrachtung seiner Umgebung aufgebaut haben, die derjenigen der Städter angenähert ist. Dennoch scheint es uns nicht unnütz, hier daran zu erinnern, dass die ästhetische Behandlung örtlicher Baufragen einen Eingriff von Städtern auf Ortschaften darstellt, also ein Teil ist der Beherrschung des Landes durch die Stadt.

Zurück aber nun zu unserer Frage, was denn das Ortsbild ausmache, was denn erhalten werden müsse, damit nicht die Wahrnehmung der lieblichen Ortschaft zusammenbricht. Nachdem der historistische Standpunkt überwunden worden ist, nach welchem allein die historisch wichtigsten Gebäude, diese aber integral erhalten werden müssen, ist die gängige Antwort gewöhnlich diese: für das Dorfbild wesentlich sind die räumlichen Proportionen, die Platzgrößen, Straßenbreiten, Haushöhen; die Art, wie das Rathaus zur Kirche und zum Dorfplatz steht, und wie sich die Bauernhäuser anschließen; dieses Verhältnis muss in den umbauten Kuben und in Leerräumen bewahrt bleiben. Diese gängige Antwort entstammt der Architekten-Tradition seit Camillo Sitte. Sitte hat als erster die irrationalen Proportionen mittelalterlicher Stadtplätze in abstrakte Grundrisse überführt und als solche zur Nachahmung empfohlen. So traditionell dieses Verfahren ist, so recht war es auch den

Modernisten, glaubten sie doch gerade an die Wirkung abstrakter Proportionen ohne den Ballast des konkreten Baues mit seinen Eigenheiten und Verzierungen. Und noch heute kann man es erleben, dass eine Klasse erstsemestriger Architekturstudenten von ihrem Professor in eine Altstadt oder in ein Dorf geschickt wird, wo sie mit Stift und Maßstab das „Räumliche“, also die Wirkung der bloßen, von ihren Strukturen und Ornamenten gereinigten Raumkuben kennenlernen sollen.

Die beiden Traditionen, die historistische der geschichtsgetreuen Gebäuderestaurierung und die stadtbaukünstlerische der Reduktion auf Raumproportionen ergeben zusammen die heute übliche Theorie und Praxis des Ortsbildschutzes. Ein Ortsbild wird erhalten durch die Restaurierung, allenfalls Zurückrestaurierung (hierzu wäre auch ein Wörtchen zu sagen) der hervorragendsten Bauten, Kirche, Rathaus, wichtiger Geschlechterhäuser, sowie der Bewahrung der Proportionen und Bauhöhen des übrigen zentralen Gebäudebestandes. – Unsere kritische Frage muss also lauten: sind es diese Elemente, welche uns und unseren Nachkommen das „Ortsbild“ überliefern?

Wir meinen, dass wir die Frage, woraus das liebliche Ortsbild besteht, prüfen sollten ohne zunächst nach der Durchführbarkeit des Ortsbildschutzes zu fragen. Wir sollten sie prüfen ohne Angst vor der Erkenntnis, dass vielleicht in einem gewissen Sinn das Ortsbild gar nicht überlieferbar ist; dass die wirtschaftlichen und sozialen Veränderungen unserer Dörfer rettungslos jene Merkmale zerstören, aus welchen sich das Ortsbild aufbaut.

Unsere alten Dörfer und Landstädte waren in ihrer Ökonomie wie auch in ihrem Aussehen bestimmt durch die Landwirtschaft. Die Veränderungen, die sie erfahren, entsprechen der neuzeitlichen Entwicklung der Landwirtschaft sowie der Freisetzung von Landwirten für andere Berufe, wie sie diese Entwicklung mit sich bringt. In Kürze kann man diese Geschehnisse auf folgende Punkte zurückführen. Die Landwirtschaft wird rationalisiert; Kunstdünger und landwirtschaftliche Geräte bewirken, dass immer weniger Personen auf dem gleichen Grund mehr Ertrag erzeugen. Hand in Hand mit der Rationalisierung geht der Abbau der Selbstversorgung: produziert wird nicht mehr für die eigene Hauswirtschaft, sondern für den Markt. Die Landwirtschaft integriert sich in die Arbeitsteilung und Geldwirtschaft. Diese Entwicklungen bewirken bei uns teilweise eine Konzentration der Landwirtschaft: kleinere Bauern geben auf, größere kaufen oder pachten Land hinzu. Städtebaulich sichtbar wird dieser Vorgang als Aussiedlung, da in der Regel die außerhalb des Ortskernes gelegenen Höfe eher überleben.

Sozial gesehen ist diese ganze Entwicklung weder einfach noch eingleisig. Sie verändert die Familien- und Sozialstrukturen sowie die Bewusstseinslage der landwirtschaftlichen wie auch der übrigen Ortsbevölkerung. Jede Ortschaft macht im Zuge dieser Entwicklung ihre besonderen Krisen und Prosperitätsphasen durch. Generell aber stellt sich das Problem der Umwertung der alten bäuerlichen Werte und Rangordnungen; nachdem auch der Erfolg bäuerlicher Arbeit in Geld gemessen wird, ist diese eine Arbeit unter anderen; daraus folgt die Gleichrangigkeit auch anderer Berufe, sofern sie Erfolg haben. Diese veränderte Bewusstseinslage entwertet auch die Prestigeobjekte des bäuerlichen Alltags und Feiertags: die rassenreine Herde, den Pferdezug zur Ablieferung der Milch und zur Auffahrt am Dorffest, den alten Hof und den schönen Bauerngarten: sie sind nicht rentabel.

Es steht dem ästhetisch orientierten Städter nicht an, diese Entwicklung als solche zu beklagen. Gerade der Städter, der es nicht zu verhindern vermochte, dass in den sechziger Jahren die Kerne und die Silhouetten der schönen Schweizer Städte von Konzernen und Firmen des Dienstleistungssektors verbaut wurden, müsste Verständnis dafür haben, dass auch an der Hauptstraße der Landstadt und am Dorfplatz eine Bankfiliale, ein kleines Hotel, ein Kaufhaus und ein Garagenbetrieb entstanden sind. Wie in den Städten, so haben sie auch in den Dörfern die Proportionen verschoben, ja gesprengt. Hätten sich aber unsere Ortsbilder bewahrt, wenn sich diese neuen Bauten immer an ortsübliche Traufhöhen und Haustiefen gehalten hätten? – Das wird doch wohl im Ernst niemand behaupten. Proportionen allein machen das Ortsbild nicht aus.

Und damit sind wir wieder bei unserer Frage nach den Kriterien des Ortsbildes. Die alten Orte waren bestimmt durch die Art der Bewirtschaftung, also der Landwirtschaft. Wer die Zeichen lesen konnte, den informierte eine Dorfstraße über die Besitz- und Wirtschaftsverhältnisse ihrer Bewohner und Benutzer. Träger dieser Information sind nicht nur die Baulichkeiten in ihrem Volumen und ihrem Dekor. Die Informationen der Nutzung sind viel oberflächlicher, als dass sie sich in Bauten niederschlagen, aber gerade deshalb verschwinden sie umso unrettbarer, wenn die Nutzung dahinfällt.

Versetzen wir uns einmal in eine Gruppe von Kindern, die an der Dorfstraße ein Indianerspiel beginnen will. Es ist die Zeit vor der Asphaltierung; die schmalen Seitenstraßen bestehen aus zwei Radspuren zwischen flachgetretenem Gras und Wegerich, und einer Hufspur in der Mitte. Die große Dorfstraße ist zu stark befahren, als dass sie noch bewachsen wäre, vom vielen ge-

genseitigen Ausweichen sind die Spuren verwischt und der Schotter bildet eine ideale Spielfläche. Aber einige Häufchen dampfender Rossäpfel zeigen den Kindern an, dass sie hier kein längeres Spiel beginnen können; sie würden von weiteren Durchfahrten ständig unterbrochen. Doch stehen andere Flächen zur Verfügung: hier die Einfahrten zu den Höfen, ein Bewuchs von Wegerich und Zichorie verschleiert, wo die Straße aufhört und der Hof beginnt – denn „privat" ist hier auch der sogenannte Privatbesitz nicht; der Verkehr darf auf die private Fläche ausweichen, wie auch der Hofbauer, wenn er bei der Ernte zu wenig Platz hat, seine Wagen auf der öffentlichen Straße auffahren lässt. Genau so macht es der Schreiner nebenan; er hat gerade Holz eingekauft und fragt nicht lange, ob die Stämme noch in seinem Hof oder schon auf der Allmend lagern. Da ist noch ein größerer Platz, den die Kinder jetzt in Betracht ziehen: der niedrige Bewuchs und der Rand von Brennnessel zeigt ihnen an, dass eine aktuelle Nutzung nicht betrieben wird, folglich werden sie hier auch nicht weggejagt werden. Andererseits wäre die Vegetation höher, wenn der Platz niemals betreten würde; dreimal im Jahr finden hier die Viehschauen statt. Hier könnte man Ballspielen, aber ob man hier ein Feuerchen machen darf? Schließlich ziehen die Kinder an den Dorfrand; hier lagern Reste eines abgebrochenen Hauses, die am Rande schon ganz von Disteln eingewachsen sind – sicheres Zeichen, dass an diesem Grundstück zur Zeit kein Besitzer Interesse zeigt und also auch ein Feuerchen gestattet ist.

Diese kleine Skizze sollte zeigen, dass das Dorfbild des traditionellen Dorfes aus Informationen aufgebaut ist, die unmittelbar mit dem Gebrauch verbunden sind. Die Merkmale, in welchen sich die Nutzung markiert, sind aber keineswegs nur baulicher Art; vielmehr schlägt sich dieses „Ortsbild“ nieder in Straßenbelägen, Abnützungserscheinungen dieser Beläge, und vor allem in einer unbestechlichen Spontanvegetation, den sogenannten Unkräutern, die uns, ob uns das bewusst wird oder nicht, auf das Genaueste anzeigen, wie und wie oft und wofür eine Stelle genutzt wird.

Gehen wir heute, im Zeitalter des Automobils, der Monokultur und der Ortsbildverschönerung durch den selben Ort. Die Bauern längs der Dorfstraße sind zum großen Teil verschwunden, wer noch Land bewirtschaftet, der versteckt die Zeichen seines reduzierten Betriebes hinter dem Hause. Die funktionslos gewordenen Flächen zwischen Straße und Haus wurden nun besitzmäßig aufgeteilt: ein Geometer hat festgelegt, wie weit die Straße und die Allmend reichen und wo der Privatbesitz beginnt. Längs dieser Linie ließ die Gemeinde einen Randstein einmauern.

Wo die Allmend Ausweitungen gegenüber der Straße zeigt, da hat die Gemeinde Anlagen schaffen lassen: steinerne Bänke alternieren mit Pflanzungen von Begonien und Geranien. Auch der Dorfbrunnen wurde von der Straßenmitte weggeschafft in eine Nische und mit Blumen umgeben – die Geranien lassen eine dezente Lücke für das Schildchen „kein Trinkwasser“. Die Anwohner der Dorfstraße sehen sich nun unvermittelt im Besitz einer funktionslos gewordenen Fläche, die von ihrem Haus bis zu besagter Betonkante reicht. Ein Reisender in Kunststeinpflaster hat die Marktlücke als erster erspäht: so haben jetzt die meisten nicht nur eine gepflasterte Einfahrt, sondern auch eine Reihe von Parkplätzen für sich und imaginäre Gäste angelegt. Als zweiter kam wohl ein Baumschulenbesitzer, denn der Rest der Fläche wurde als Garten nach dem neusten städtischen Geschmack eingerichtet: Cotoneaster, Berberitzen, Juniperus, Sumach und dergleichen Trockengehölz wird hier angepflanzt. Die restlichen Quadratmeter werden als Rasen angesät; die Anschaffung eines Rasenmähers für jedes Haus wird unerlässlich.

Genug: wir wollten nicht spotten. Wir fragen ja nur: worin besteht das Ortsbild? Welche Informationen strahlt dieser Ort in unser Bewusstsein? Selbst wenn wir einmal annehmen, es sei noch kein Gebäude abgerissen oder umgebaut, so hat sich doch dieses Ortsbild vollkommen verändert. Die Veränderungen betreffen aber nichts von dem, was der Ortsbildschutz als „wesentlich" erklärt: weder Proportionen noch Freiflächen noch Bauvolumen. Verschwunden sind einige Unkrautflächen, Zichorien, Brennnesseln, Gräser, Disteln; und gekommen sind Blumen und Büsche und das unvermeidliche Verbundpflaster. Gewandelt aber hat sich das Ortsbild, da die Gesamtheit der Informationen, die wir aus all diesen kleinen Details beziehen, nun vollkommen neu ist.

Was ziehen wir aus diesen Überlegungen für Schlüsse? Müssen wir resignieren, ist das Ortsbild etwas, was nicht zu erhalten ist? Was heißt nun das alles in Bezug auf die Erhaltung des Ortsbildes? – Es heißt, dass die Restaurierung von Bauten und die Erhaltung der Kubaturen und Proportionen wohl wertvoll sind, nicht aber genügen, um das „Bild" eines Ortes, wie er einst war, in die Zukunft zu verlängern.

Die Änderungen, die die wirtschaftliche Umstrukturierung mit sich bringt – und nicht zuletzt die gutgemeinten Restaurierungen selbst, beeinflussen so viele der scheinbar nebensächlichen, in Wirklichkeit aber das Ortsbild bestimmenden Zeichen, dass der Gesamteindruck ein anderer wird.

Wie aber beeinflusst man diese Gesamtheit der bildbestimmenden Zeichen? – Zunächst einmal müssen wir anerkennen, dass die wirtschaftlichen Umstrukturierungen stattfinden. Die Spuren alter Nutzung können nicht künstlich hergestellt werden. Dagegen ist es unnötig, die Entwicklung da zu beschleunigen, wo sie selbsttätig noch gar nicht im Gange ist. Manche notwendige Restaurierung oder Sicherung eines Baudenkmals ist begleitet von gärtnerischen Eingriffen, die die Hand des Städters verraten. Das sollte vermieden werden. Im weiteren müsste in den Ortschaften selbst und unter denen, die für das neue Bild verantwortlich sind, der Sinn für eine maßvolle Gestaltung unter Belassung und Betonung der Eigenarten des Ortes gestärkt werden. Nicht jedes freie Plätzchen muss mit Verbundpflaster bedeckt werden, nicht jedes überflüssig gewordene Wagenrad gehört im Vorgarten präsentiert. Nicht jeder Futtertrog ist mit Begonien zu füllen. Und was die Anlagen mit ihren Brunnen und Bänken anbelangt: noch sind die dörflichen Strukturen nicht von der Art, dass sich die Dorfbewohner gerne als touristische Müßiggänger beobachten lassen; und deshalb sind diese Anlagen meist unbenützt und wirken doppelt deplaziert. – Müsste es nicht möglich sein, bei den Leuten selbst und bei den lokalen Instanzen ein bisschen Bewusstsein dafür zu wecken, was für diesen Ort in seinem heutigen Entwicklungszustand schön und richtig wäre, auch wenn die Prospekte der Baumaterialhandlungen, Samenhandlungen und Farbfabriken andere Bilder zeigen?

## Der kleinste Eingriff

Planungskritik treibt die etablierten Fachleute zu dem verzweifelten Ausruf, am sichersten sei es doch wohl, gar nichts zu tun, denn dann mache man keine Fehler. Sie glauben, dass ein solcher Ausruf rhetorisch sei, und dass der Gesprächspartner sofort korrigierend einfallen werde, dieses habe er nie gemeint, denn selbstverständlich müsse man etwas bauen.

Wir glauben aber, in diesem Buch den Nachweis erbracht zu haben, dass die gesellschaftlichen Mechanismen der Beschlussfassung zu Bauten führen, in Fällen, wo andere, sanftere Strategien wirksamer gewesen wären.

Wir befinden uns auf der Suche nach einer Planungstheorie, der wir als Hypothese den Namen geben: „Der kleinste Eingriff". Jeder Übelstand sollte mit derjenigen Strategie bekämpft werden, die den dafür kleinstmöglichen Eingriff darstellt und damit am wenigsten unerwartete und schädliche Folgen hat. Früher war die notwendige Sparsamkeit ein Regulativ, das sich einigermaßen zugunsten des kleinsten Eingriffs auswirkte. Da unsere Beschlussfassungsmechanismen aus der Zeit beschränkter Ressourcen stammen, verlässt sich unsere Gesellschaft doch darauf, dass die von ihr beschlossenen Eingriffe auch die kleinstmöglichen seien. Das aber ist längst nicht mehr der Fall: obwohl die Ressourcen der Gesellschaft beschränkt sind, liegen für bauliche Eingriffe ständig so große Teile der öffentlichen Budgets bereit, die auch durch planende Zugriffe gar nicht mehr lenkbar sind, dass ständig über das notwendige Maß hinaus gebaut wird.

Der allerkleinste Eingriff ist die Bauverhinderung, und das ist sicherlich heute ein wichtiges politisches

Anliegen und das einzige, das tatsächlich Volksbewegungen hinter sich scharen kann. Wenn im folgenden der Versuch einer Theorie des kleinsten Eingriffs mit einer ästhetisch fundierten Konzeption beginnt, so sei gleich hier schon darauf hingewiesen, dass die reale Bauverhinderung aus ökonomischen und ökologischen Gründen für den Verfasser primär ist; seine Mitwirkung an der Verhinderung des Baues eines Supermarktes am Marktplatz von Basel zählt er zu seinen erfreulichsten Erfolgen.

Der französische Gartengestalter Bernard Lassus stellte einmal in einem Interview fest – es ging um die Kritik der akademischen Landschaftsgestaltung –, dass das Bedürfnis nach einem Eingriff in die Landschaft zunächst einmal darin seine Basis habe, dass das Vorhandene nicht als Landschaft begriffen werde; wer eine Landschaft neu schaffen wolle (und gerade die Gestalter der nationalen Gartenschauen behaupten oft, sie hätten eine Landschaft geschaffen an Stellen, wo vorher „nichts“ gewesen sei), der hat nicht gesehen, dass seit je schon eine Landschaft da war. Deshalb besteht der kleinste Eingriff zunächst einmal darin, die vorhandene Situation ästhetisch zu verstehen.

Die von der Bundesgartenschau 1981 in Kassel „geschaffene“ Fuldaaue ist dafür ein gutes Beispiel. Das Kasseler Becken verdankt seine landschaftliche Schönheit der Tatsache, dass die ebene Aue der Fulda rings von Hügeln, dem Habichtswald, dem Kaufungerwald usw. umgeben ist, die einen Kreis von etwa 10 km Durchmesser bilden. Die Schönheit der Fuldaaue war schon durch den Hof Jérôme Bonapartes entdeckt worden, der dort seine Lustpartien vollzog, und in der Romantik durch Wasserfahrten auf der Fulda weiterhin genossen worden. Die sich zurückziehende agrarische

Verwertung einerseits, Reste von industrieller Tätigkeit andererseits, insbesondere der Aushub von Flusskies, ließ die Fuldaaue teilweise „verwildern“, ein Zustand, der von der Bevölkerung keineswegs als negativ empfunden wurde. An Wochenenden zogen Familien in die Fuldaaue, brachten Spiele mit, Picknick, auf den toten Armen der Fulda konnte Kanu gefahren werden, das Ufergebüsch bot Gelegenheit zu naturwissenschaftlichen Erkenntnissen, Reste von Schleppkähnen und Industrieanlagen bildeten einen Robinsonspielplatz, das Badeverbot im Baggersee wies justament daraufhin, das Baden hier möglich sei, und schließlich bot der Artenreichtum dieser im Übergang befindlichen Vegetation ein Bild, wie es weder künstliche Gartenanlagen noch sogenannt natürliche Biotope aufweisen.

Dieses nun ist genau die Landschaft, die für den Landschaftsgestalter „nichts“ darstellt. Da ihm niemand den großen Zusammenhang erklärt hat, der zwischen der Ebene der Fuldaaue und dem nahen Hügelkranz besteht, hält er die Ebene für erlebnisarm. Eine Millionen m3 Boden wurden in dieser Landschaft herumgefahren: Baggersee und tote Fuldaarme wurden zu einem nierenförmigen Teichgebilde verformt; andererseits wurden aus den nicht für den Autobahnbau verwertbaren Erdmassen künstliche Hügel errichtet.

Es ist bezeichnend für das Kompositionstalent dieser vom Schreibtisch aus operierenden Landschaftsgestalter, dass von vielen, gerade durch Bänke als Schaupunkte markierten Orten aus dieser Hügelkranz mit der dahinterliegenden Landschaft in disharmonischen Konflikt kommt: sei es, dass die nahen Hügel genau die Horizontlinie des Kaufungerwaldes verdecken, sei es, dass ein Fabrikschlot oder ein Hochhaus auf groteske Weise hinter einem Hügel hervorstechen oder ihre

Rauchschwaden vulkanartig aus der Hügelspitze entlassen. Genau in der Sichtachse eines auf Gemäldewirkung angelegten künstlichen Flusstales weist auf den Rest einer Abraumhalde, die offenbar nicht verwertet werden konnte … Was die Vegetation anbelangt, so hat sie die übliche Verarmung durchgemacht, indem die von den Gärtnern geschaffenen Standortbedingungen – oder sind die Gärtner selber solche – den Artenreichtum gegenüber einer unkultivierten Stadtrandlandschaft erheblich einengen. Schließlich sei noch erwähnt, dass sich nach Ende der Bundesgartenschau herausstellt, es sei der Pflegeaufwand für die Fuldaaue so hoch, dass das Kasseler Gartenamt, wolle es die „neugeschaffene Landschaft" nicht verkommen lassen, den botanischen Garten der Stadt schließen müsse.

Der „kleinste Eingriff" hätte also in diesem Falle darin bestehen müssen, die vorhandene Landschaft so zu beschreiben, dass sie auch den in der Routine verhafteten Fachleuten und Politikern sichtbar wird. Das ist nicht leicht, denn die Idee der Veränderung fasziniert dermaßen, dass selbst das Publikum, das großenteils von dieser vorher vorhandenen Landschaft profitierte und die Veränderung als eine Disziplinierung erfahren musste, sich von der Vorstellung einer „neugeschaffenen Landschaft" leicht mitreißen lässt. Immerhin scheinen aber im Geographieunterricht und Naturkundeunterricht noch Ansätze des Verständnisses für Landschaften vorhanden zu sein, denn es waren vor allem Schulklassen, die sich für die Kritik an der Bundesgartenschau 1981 interessierten.

Eine erste Stufe des kleinsten Eingriffs könnte also darin bestehen, das Vorhandensein einer Landschaft oder einer städtischen Situation in die Wahrnehmung des Betrachters einzuführen oder eine vorhandene

Wahrnehmung zu stärken. Die vorhandenen Wahrnehmungsraster für das Liebliche sind in unserer Kultur so ausgebildet, dass selbst extreme Landschaftsformen darunter subsumiert werden können, wenn sie nur erklärt werden. Einen Schritt weiter würde der kleinste Eingriff gehen, wenn er die Bereitschaft zur Wahrnehmung nicht nur wecken, sondern verändern würde. Wir nennen eine Reihe von Beispielen heutiger Künstler oder Landschaftsgestalter, die nicht durch Eingriffe in die Landschaft, sondern vermittels Eingriffen in die Vorstellung des Betrachters die Bedeutung der vorhandenen Landschaft verändern. Der kleinste Eingriff wäre in diesem Falle das Setzen eines Zeichens oder Signals.

Unbewusst haben mancherorts die Behörden selbst schon dieses Mittel des kleinsten Eingriffs verwendet: stößt der Spaziergänger plötzlich am Wegrand auf das Zeichen „Naturschutz“, so sieht er von diesem Augenblick an die gleiche Landschaft verändert: der Baum, die blühende Pflanze, der kreisende Raubvogel werden plötzlich unter dem Blickwinkel ihrer Schönheit, Schutzwürdigkeit und Natürlichkeit wahrgenommen. – Der englische Gärtner Ian Hamilton Finlay macht sich in künstlerischer Weise dieses Prinzip zu nutze. Sein Garten in Schottland, der stilistisch nach dem Schema des Landschaftsparks angelegt ist, enthält auf Steine oder Holz geschriebene Interpretationen, welche Ausschnitte aus dieser Landschaft im Bewusstsein des Betrachters verändern. „See Poussin – hear Lorrain“, dieses in einem schottischen Moor zu lesen, gibt dem Anblick eine Dimension, welche hinter den speziellen Ort die Geschichte der Landschaftsmalerei aufleuchten lässt. Neben einem Grasbüschel einen Stein zu finden, der das AD, die Unterschrift Albrecht Dürers, trägt, vermittelt die Stellung dieses noch unentschlossen zwischen Kunst- und Naturbeobachtung schwankenden Malers auf das vorhandene Rasenstück nun anzuwenden. Hamilton Finlays Werk ist so sicherlich ein wesentlicher Baustein für die ästhetische Seite der Theorie des kleinsten Eingriffs als Planungsmethode.

Dieses mögen alles sehr subtile und nur auf das Ästhetische orientierte Gedanken sein; eine Planungstheorie des Kleinsten Eingriffs stellen sie noch nicht dar. Wo tatsächlich Eingriffe geplant werden, muss, und dieses wäre die Forderung im Sinne des „kleinsten Eingriffs", vom speziellen Fall ausgegangen werden. Der übliche Eingriff, den wir als zu groß und brutal empfinden, erfolgt aus der Routine. Seine Planer sind Leute, die planen gelernt haben bei Lehrern, die an die allgemeine Anwendbarkeit von Regeln glauben. Was sich einmal irgendwo als „saubere Lösung" bewährt hat (oder auch nicht), das wird an einem ganz anderen Ort wiederum angewendet. Da Erfolgskontrollen sowohl beim Staat wie in der Profession sehr verpönt sind, erbt sich die Routine als scheinbar erfolgreiches Handeln ständig fort.

Der Gedanke des kleinsten Eingriffs stammt von einer Reihe von Besuchen, die wir im Belice, dem Gebiet des Erdbebens von 1968 in Sizilien durchführten. Hartnäckig hält sich in deutschsprachigen wie sogar in italienischen Zeitungen die Behauptung, man habe für die Opfer des damaligen Erdbebens zwar Geld gesammelt, jedoch nie etwas getan; das Geld sei wohl in den Taschen der Mafia versandet. Nichts wäre falscher als dieses, es sei denn, man betrachte die Bauindustrie als eine Mafia. Im Gebiet des Belice, das vor dem Erdbeben eine zwar fruchtbare aber gänzlich verarmte Gegend war, sind riesige und kostspielige Eingriffe durchgeführt worden. Die Planer in den römischen Ministerien haben es gut mit dem Belice gemeint; die Frage ist nur, ob die Größe des Eingriffs auch die Größe des Erfolges mit sich bringt.

Der erste Eingriff war, wie könnte es anders sein, der Bau einer Autobahn von Castellamare del Golfo bis nach Vallo di Mazzara. Sie hat große Verkehrserleichterungen gebracht für Leute, die diese Strecke längsfahren müssen; für die ansässige Bevölkerung, die zwischen ihren Behausungen und den Feldern das Tal meist durchqueren muss, ist sie ein Verkehrshindernis. Wenn die Autos auch noch so spärlich sind, dass man es wohl wagen kann, hin und wieder mit dem Maultier die Autobahn zu überqueren, so stellen doch die Mittelstreifen und Leitplanken für Handwagen ein erhebliches Hindernis dar. – Für die Längsbewegung in dem Tale war eigens ein geeignetes und billiges Transportmittel schon vorhanden: die Eisenbahn. Es ist klar, dass die neuen Planungen so angelegt wurden, dass die Bahn nicht mehr zum Zuge kommt. Die neuaufgebauten Orte sind nicht den Bahnhöfen zugeordnet worden, aber auch die neuaufgebauten Bahnhöfe nicht den neuen Ortschaften. Von dem neu wiederaufgebauten Bahnhof von Calatafimi erzählen böse Zungen, dass er jährlich noch durchschnittlich drei Fahrkarten verkaufe. Die Planer des neu aufgebauten Gibbelina hätten Gelegenheit gehabt, der Stadt einen besseren Bahnanschluss zu geben als es der alte Bahnhof von Salemi bietet, der ihnen heute am nächsten liegt; aber man will ja Autos verkaufen, nicht Fahrkarten.

An den Städten des Belice kann man reihum die üblichen Planungsfehler des professionellen Eingriffs ablesen. Für das Städtchen Partanna haben die Planer einen Autobahnanschluss vorgesehen, dessen Grundfläche allein schon ein Drittel der Stadt einnimmt. Kreuzungsfrei kann man von diesem Ort, der etwa 7.000 Einwohner aufweist, in die Autobahn einfahren oder von dieser in die einzelnen Straßen des Städtchens gelangen. Studenten mit ihren Planungen haben im Jahr 1980 nachgewiesen, dass die gesamten erdbebengeschädigten Einwohner von Partanna auf dem Gelände dieses Autobahnzubringers Unterkunft hätten finden können.

Das Städtchen Calatafimi zeigt einen anderen Irrtum der professionellen Planung. Den Aberglauben, Infrastruktur schaffe Struktur, oder, mit anderen Worten, wenn man nur Straßen baue, so werde die private Initiative schon für die Ansiedlung von Wohnungen und Arbeitsplätzen sorgen. Es sieht schon sehr gespenstisch aus, wenn eine ganze Stadt erst aus ihren Straßen, Parkplätzen, Bürgersteigen und Straßenampeln besteht, während die Bauplätze unbebaut daliegen.

Das nur in den Straßen bestehende Calatafimi wie auch das wiederaufgebaute Gibellina sind aber auch Beispiele für den Glauben, es gebe Modelllösungen, die sich überall anwenden lassen. Für den Planer ist es also kein ungewöhnlicher Gedanke, dass das Modell einer englischen New Town sich für die Ansiedlung sizilianischer Bauern und Arbeiter eigne. Dass vielleicht dort das Klima etwas anders sei, offene Plätze im Sommer in der Sonne kaum zu überqueren sind, noch nicht jeder einen Wagen hat, das Gemeinschaftsleben sich nach ganz anderen Regeln abspielt, von solchen Feinheiten hat der Planer auf seiner hohen Schule nichts gehört.

Die Straßen Gibellinas sind „verkehrsgetrennt“: jede Häuserzeile grenzt mit den „vorderen“ Haustüren an eine Fußgängerstraße, mit den hinteren Haustüren über eine Gartenzone an eine befahrbare Straße. Der Planer hat angenommen, dass die Fußgängerstraßen auch den Ort der gesellschaftlichen Begegnung und des Aufenthaltes der Kinder darstellen; die fahrbaren Straßen sollten als Zubringer für Ware und Gartenpflege dienen. Wie aber kommt ein Bauer oder ein Handwerker abends nach Hause? – Genau auf dem Wege, wie es der Planer richtig als „hinteren" Eingang vorgesehen hat. Er stellt seine Geräte in den Schuppen, sein Maultier oder seinen Wagen in die Garage, und er tritt mit schweren Schritten durch den Küchengarten in die Küche. Und wo halten sich denn die Kinder auf? Etwa da, wo es nichts zu sehen gibt? Sind sie nicht viel mehr auf der Seite, wo hin und wieder ein Fahrzeug oder ein Maultier, der heimkehrende Nachbar oder der Vater selbst zu erwarten sind?

In der Tat mussten die Planer von Gibellina die Beobachtung machen, dass die Bewohner den „Haupteingang" ihres Hauses nicht öffnen. Die Fußgängerstraßen sind so unbenützt, dass man es nicht mehr für nötig befindet, die Straßenbeleuchtung dort überhaupt anzuzünden; sie stört lediglich die Schlafenden. Häuser, die in Privatinitiative erstellt wurden, weisen einen in 180 Grad gedrehten Grundriss auf: die „vordere" Haustür geht zur Fahrstraße. Der Bürgermeister überlegt ernsthaft, ob er die Fußgängerstraßen nicht ihres Pflasters wieder entkleidet und sie als Gärten den Bewohnern zur Verfügung stellen soll.

Planer sind selten um eine Ausrede verlegen. Die Planer von Gibellina können ihre Fehlleistung als eine erfreuliche Manifestation des Volkswillens darstellen: schulterklopfend kann man es den Leuten zugestehen, dass sie dort Tomaten ziehen, wo eigentlich der Fußgängerverkehr vorgesehen war; Partizipation ist ja große Mode. Die durch die Fehlplanung verlorene fruchtbare sizilianische Erde haben die Planer ja nicht zu ersetzen. Ebenso wenig kümmert es sie ja, dass die

Anwohner weitgehend davon leben, dass sie die unsinnigen Planungen der Planer ausführen; wo die vielen Bauarbeiter arbeiten sollen, wenn der Wiederaufbau vollendet ist, und wer dann die von ihnen verlassenen Städte bewohnt, bleibt ein Rätsel.

Der Gedanke des kleinsten Eingriffs ist eng verbunden mit der Ablehnung aller modellhaften Erfahrungen. Erfahrung ist nicht die Art und Weise, wie man einmal einen Eingriff erfolgreich durchgeboxt hat; vielmehr müsste die Vermittlung von Erfahrung darin bestehen, zu zeigen, wie man sich in einem besonderen Fall Information verschafft, die es einem ermöglicht, sich genau dieser Situation angemessen zu verhalten.

***Aus dem Dia-Archiv von Annemarie & Lucius Burckhardt***

*Rechts: „Un air rosé" nannte* ***Bernard Lassus*** *1965 sein Experiment mit der Tulpe, in deren Blütenkelch ein weißer Papierstreifen gehalten wird, der zeigt, dass die Luft rot leuchtet – ohne etwas physisch zu verändern. Ein Prinzip des minimalen Eingriffs.*

*1. Doppelseite*
***Joseph Beuys****, „7000 Eichen für Kassel", 1982-1987, ein umfangreiches Kunstwerk, dennoch ein minimaler Eingriff, weil es künstlerische Mittel verwendet, um Umweltprobleme zu kommunizieren. Sachzwänge der Politik und der öffentlichen Ordnung können durch einen Außenseiter, einen Künstler überwunden werden – weder durch Gewalt, Revolution noch durch eine subversive Underground-Aktion, sondern durch normale öffentliche demokratische Prozesse.*

*2. Doppelseite*
***Ian Hamilton Finlay****, „Osiers/Osiris", Baumtafeln, Stonypath, Little Sparta (seit 1966) und beschrifteter Stein „F. Hodler", Furka 1987: Finlays Inschriften auf Baumstämmen sind Anspielungen, arkadische Poesie und das Motiv, seinen Namen in die Baumrinde zu ritzen. Auf Steine oder Holz geschriebene Interpretationen verändern Ausschnitte aus der Landschaft im Bewusstsein des Betrachters und verändern die Wahrnehmung der Umwelt.*

*3. Doppelseite*
***Paul-Armand Gette****, „Kassel – Ein botanischer Garten", documenta urbana - sichtbarmachen 1982. Gette verwandelte die Straßen und Freiflächen der Stadt in einen einzigen botanischen Garten. Die Pflanzen, die aus den Rissen der Bürgersteige sprießen, wurden mit lateinischen Namen beschriftet. „0 Meter", Furka 1992. Wo fängt die Landschaft an? Alles, was sich direkt vor uns befindet, läßt sich naturwissenschaftlich benennen, heben wir den Kopf, entsteht irgendwann eine Landschaft.*

*Links von S. 167*
*Durch einen extrem minimalen Eingriff interpretierte* ***James Lee Byars*** *im Sommer 1983 eine unendlich weite Landschaft, natürlich nur in den Köpfen der Zuschauer. Die Performance mit dem Titel „A Drop of Black Parfume" wurde in der grandiosen Umgebung der Furka, zwischen Wiesen, Felsen und Schneeresten inszeniert. Byars setzte im goldenen Gewand einen Tropfen Parfüm auf einen Granitblock. Das Foto von Annemarie Burckhardt zeigt die zweite Aktion von Byars auf der Furka, „The introduction of the sages to the Alps", 1984.*

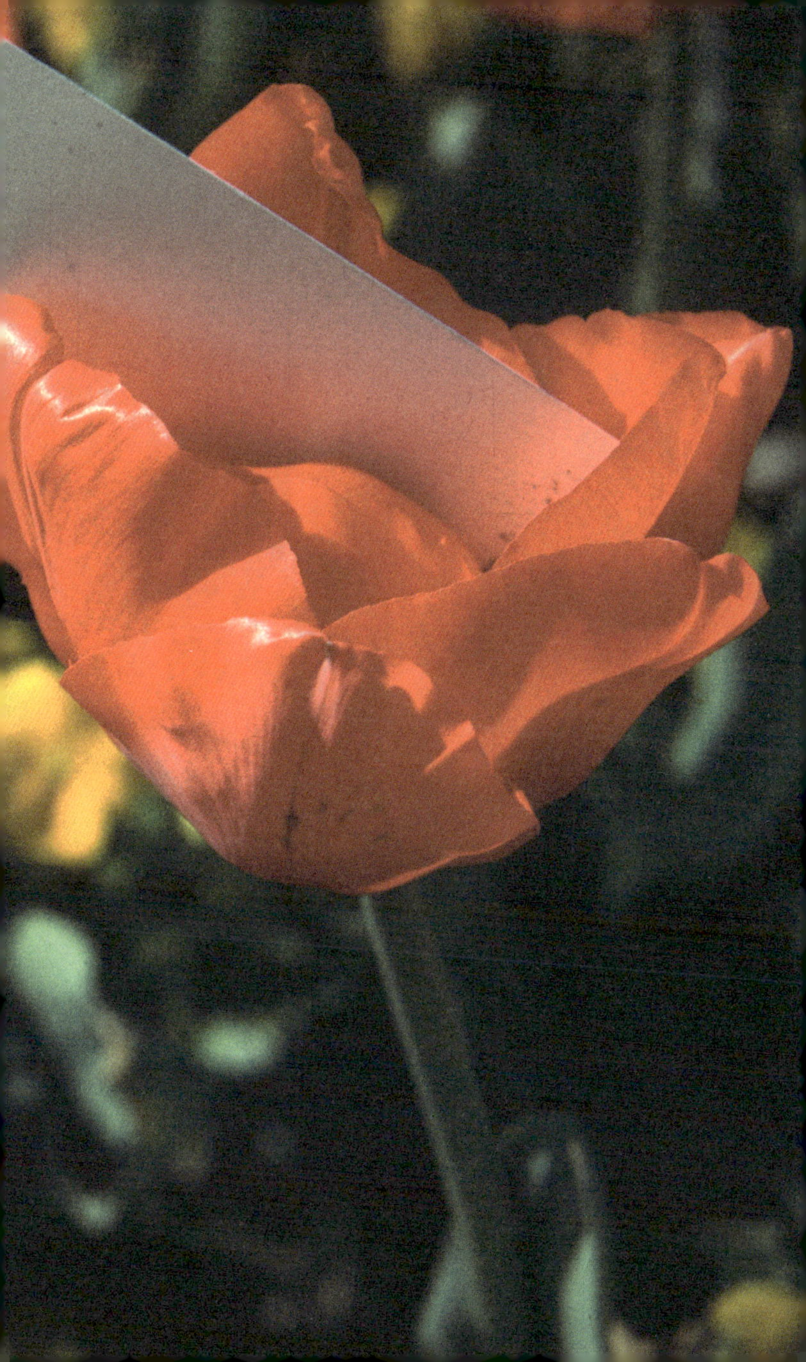

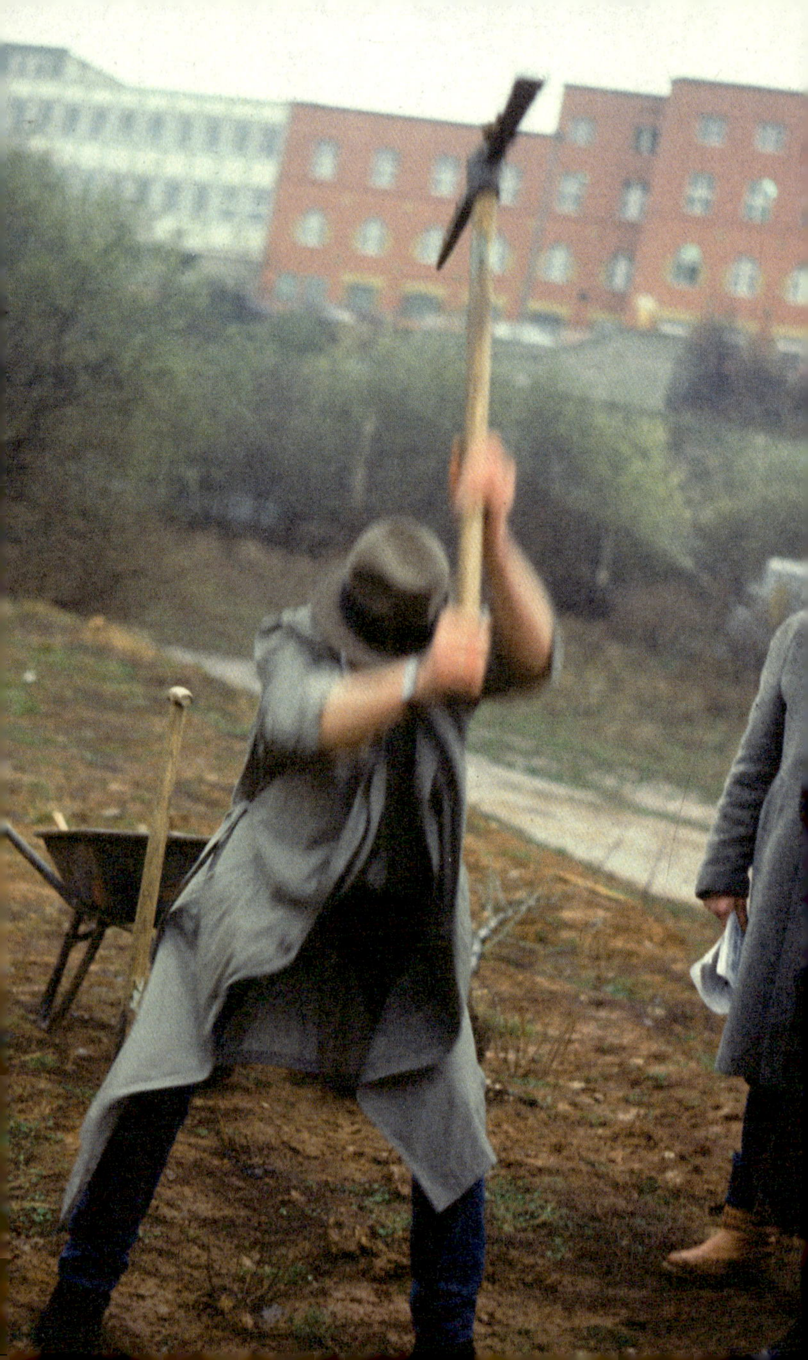

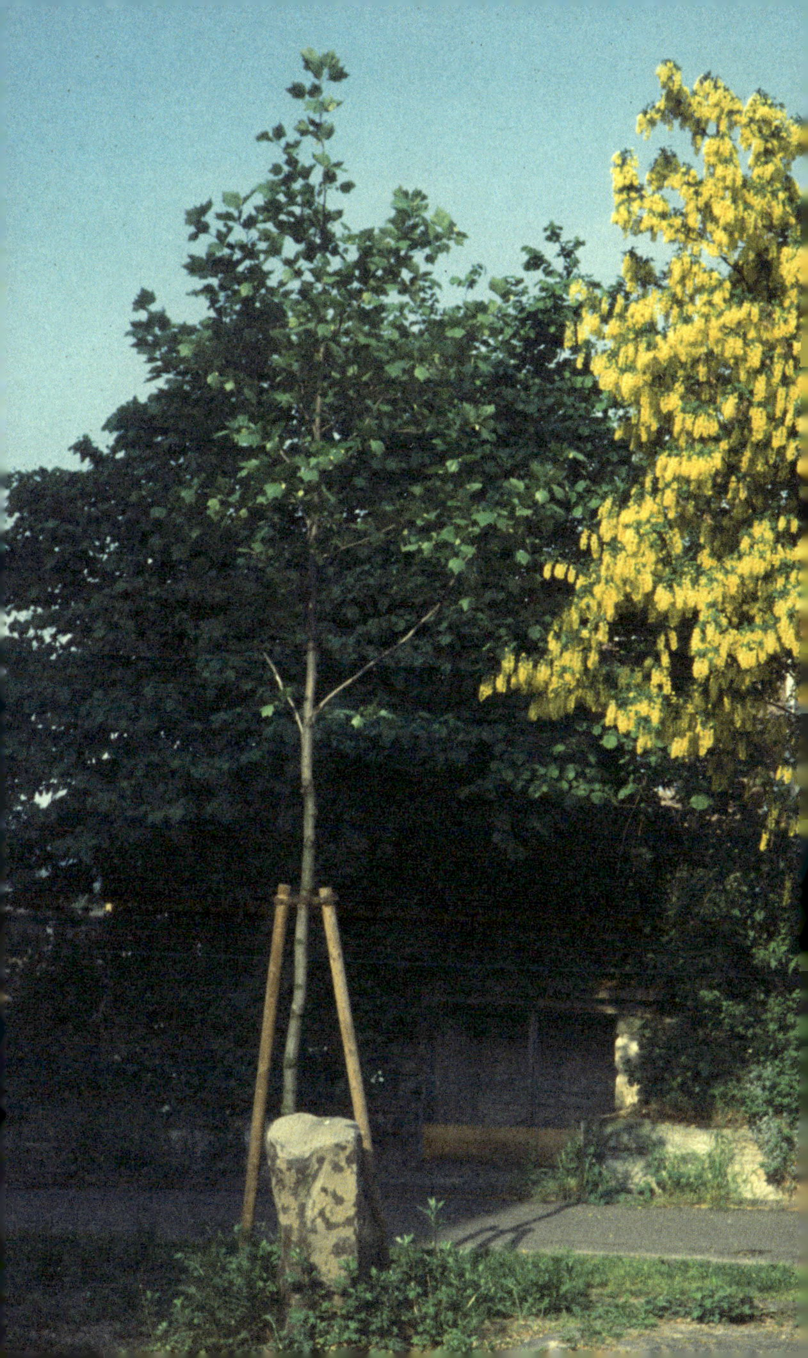

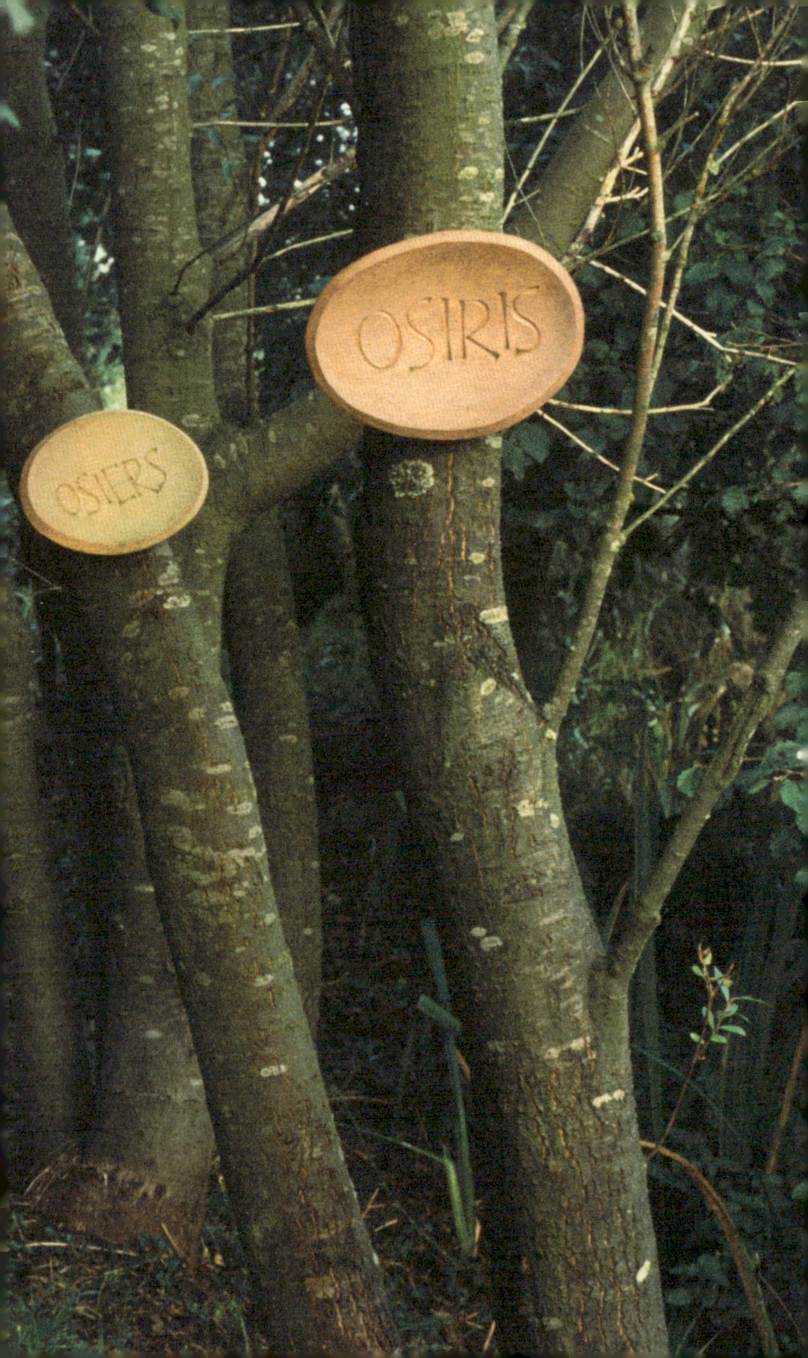
OSIRIS
OSIERS

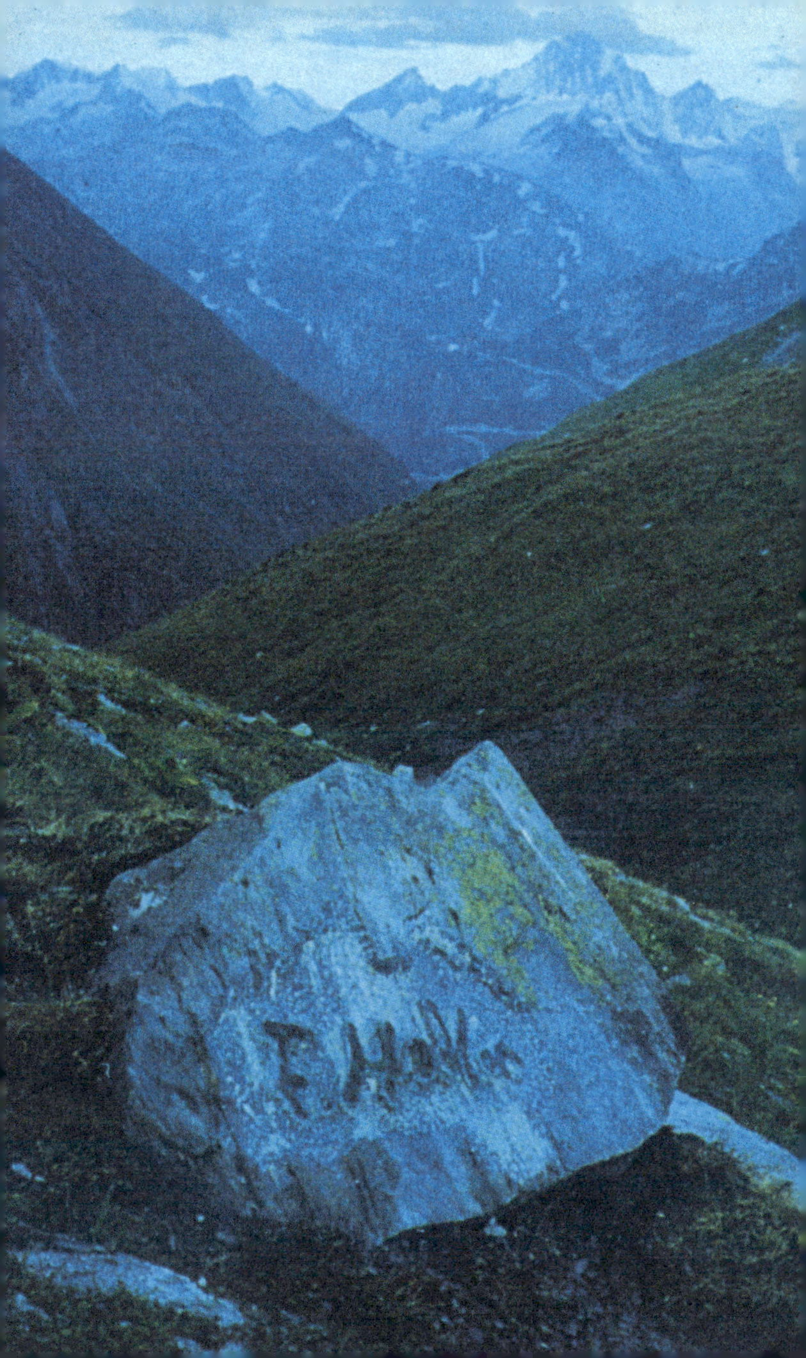

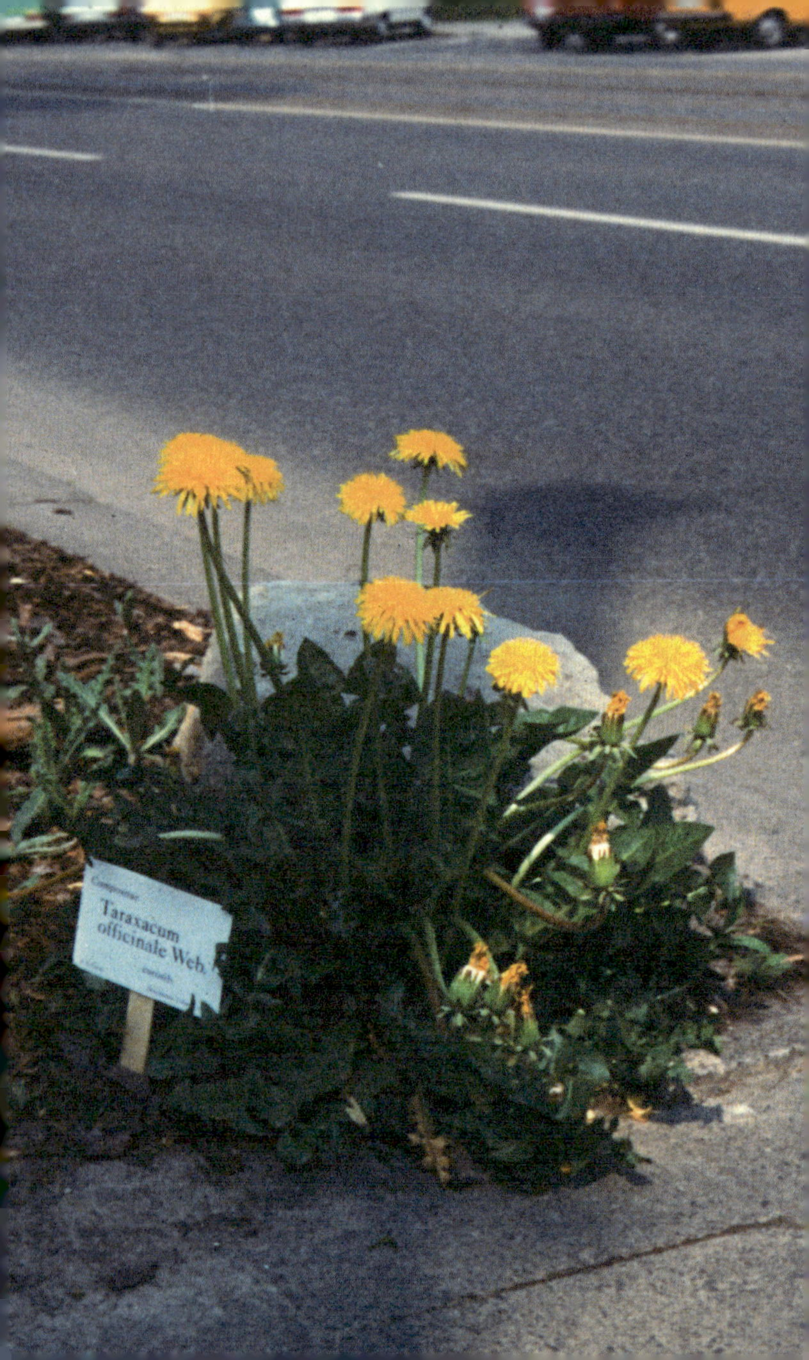
Taraxacum
officinale Web.

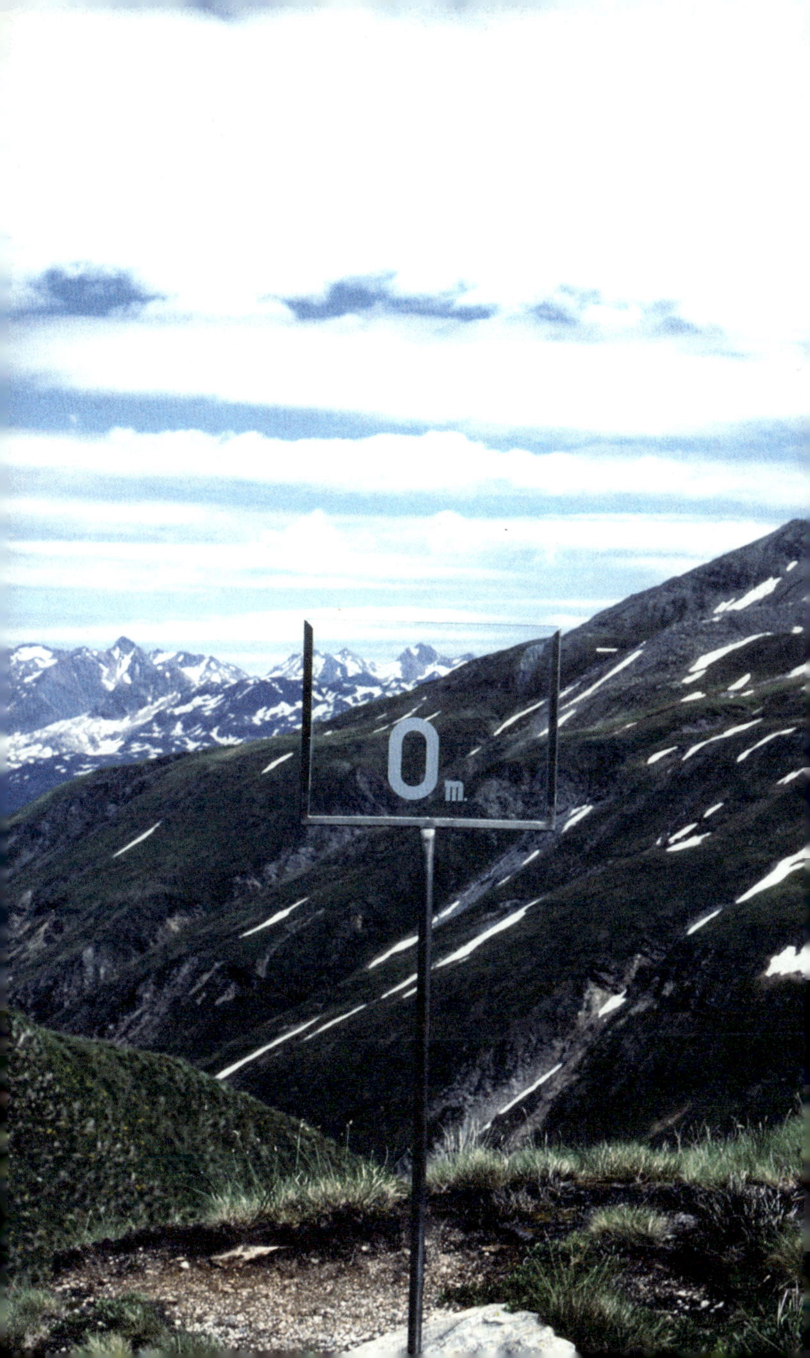
0 m.

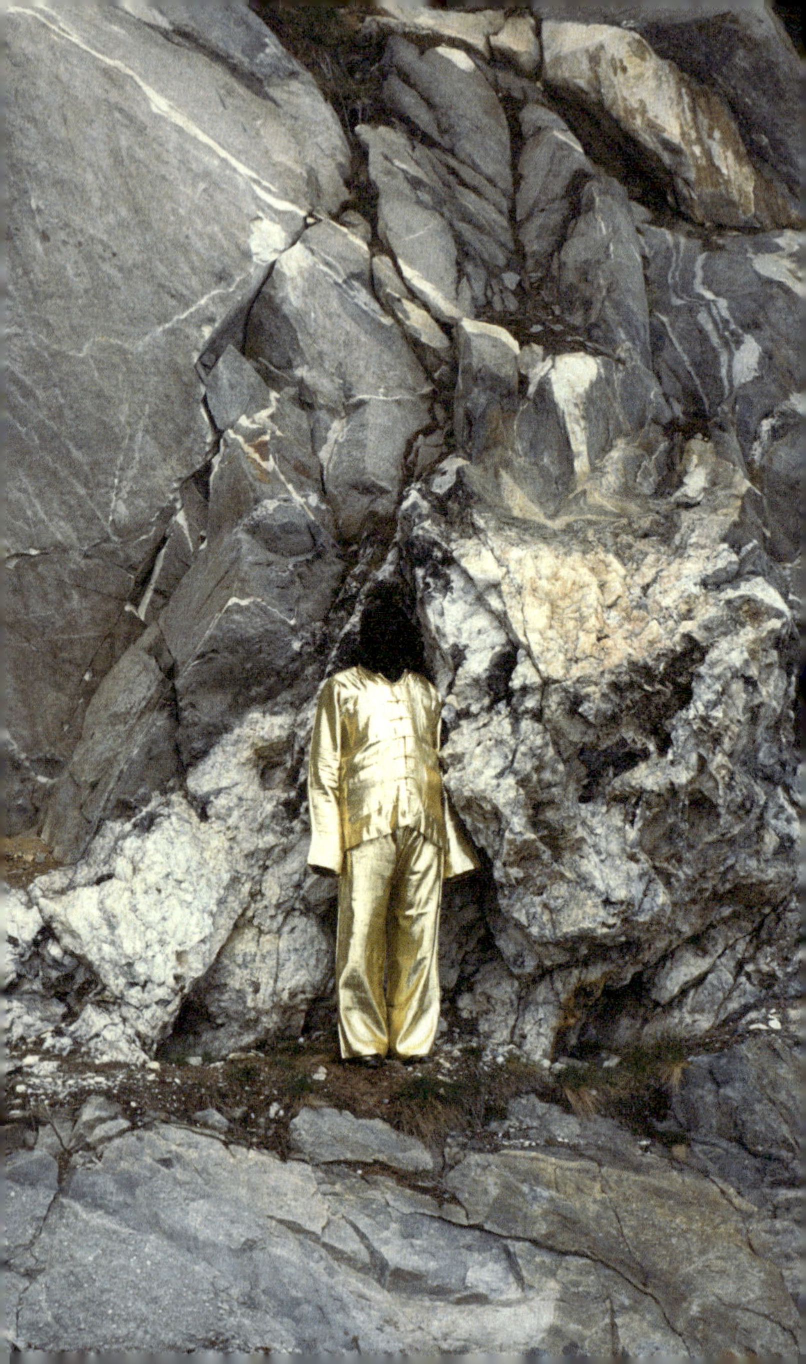

## Der kleinstmögliche Eingriff (1982)

Noch immer wiederholt die Presse die eingängige Formel: der Wiederaufbau der vom Erdbeben 1968 zerstörten Städte in Sizilien lasse auf sich warten; das gespendete Geld sei längst in den Taschen der Mafia verschwunden. Wer das Belice aufsucht, dem bietet sich ein anderes Bild: Das ganze Gebiet wird von einer neuen Autobahn erschlossen, deren Auslastung allerdings recht spärlich ist. Die erdbebengeschädigten Städte haben neue Quartiere erhalten, die vom Zeichentisch des akademischen Städtebaus stammen. Teilweise sind sie schon bewohnt wie die nach dem Muster einer English New Town geplante Stadt Gibellina, andere Projekte sind nicht über das Stadium des Straßenbaus hinausgekommen wie die neuen Teile von Calatafimi, ebenfalls akademischer Städtebau, oder der Autobahnanschluss von Partanna, bei welchem die Straßenbauer an einem Städtchen von wenigen tausend Einwohnern demonstriert haben, wie man das Straßennetz einer Großstadt an eine Autobahn anschließt.

Das Erdbebental des Belice war deshalb der geeignete Ort für die Durchführung eines Seminars über „den kleinsten Eingriff“, an welchem ein Stück neuer Planungstheorie bearbeitet werden sollte. Dieses Seminar war das dritte der Serie der Gespräche über Parks, welche von der Erdbebenstadt Gibellina veranstaltet wird. Mit den Gesprächen über Parks leistet sich Gibellina eine Bewusstmachung bevorstehender Probleme, sind doch die Freiflächen dieser „englischen“ New Town viel größer angelegt, als es sich für die glühenden Sommertage einer sizilianischen Kleinstadt eignet, es leistet aber zugleich einen Beitrag überregionaler Kulturtätigkeit in Zusammenarbeit mit der Universität Palermo.

Man war also auf der Suche nach einer Theorie des kleinstmöglichen Eingriffs, und Ansätze auf verschiedenen Ebenen sollten zu einer solchen führen. Einige Vorträge kamen aus dem Gebiet der Planungskritik und machten darauf aufmerksam, welche unkorrigierbaren Folgen zentralistische Eingriffe in lokal determinierte Situationen haben. Weitere Vorträge lagen, dem Seminarzweck entsprechend, auf der Ebene der Landschaftsgestaltung und befassten sich mit der Frage, wie es zum heutigen Verfall der Gartenkunst gekommen sei, bei welcher durch die gleichzeitige Verwendung gegensätzlicher Motive aus der Vorratskiste akademischer Routine jegliche Aussage verlorengeht. Schließlich befassten sich Redner mit der Vernichtung und der Sichtbarmachung von Geschichte, wie dieses gerade in einer neuen Stadt, die 18 Kilometer entfernt von der vernichteten Stadt wiederaufgebaut wurde, ein wichtiges Thema ist.

Allen Ansätzen gemeinsam war das Bewusstsein, dass der Mensch in Umwelten lebt, die teilweise sichtbar, teilweise aber auch unsichtbar sind. Deshalb führen physische Eingriffe auf die Außenwelt unberechenbare Veränderungen des Bewusstseins nach sich, die wiederum zum Bedürfnis nach neuen geplanten Zerstörungen werden können.

Von der etablierten Planung her gesehen, ist die Theorie des kleinsten Eingriffs eine Verirrung in den Spontanismus: die Zunft bleibt in ihrer alten Routine verhaftet. Auch von der offiziellen Kunst her kommt keine Hilfe; ist man doch gerade wieder dabei, sich auf das „eigentliche Gebiet künstlerischer Tätigkeit“ zurückzuziehen … Dennoch befindet sich die Auseinandersetzung um den kleinsten Eingriff als eine Formel moderner Planung und Gestaltung an vorderster Front. Die negative Bestimmung des eigenen Standorts vom Gegner her ist immer die leichteste. Die Theorie des kleinsten Eingriffs kritisiert die Ästhetik der „sauberen Lösung“ akademischer Planung: Die Zunft der Planer arbeitet mit dem einmaligen Eingriff, der die vollkommene Lösung bringt. Überdies sollen diese Lösungen Modellcharakter haben, überall anwendbar sein: An den Ausbildungsstätten der Planer lehrt man Lösungen, nicht das Finden von Lösungen. Der Ästhetik der sauberen Lösung entspricht auf der psychologischen Ebene die knabenhafte Vorstellung, man könne die Wirklichkeit anhand vereinfachter Modelle von Grund auf verstehen und an Modellen erarbeitete Lösungen nahtlos in die Wirklichkeit übertragen. Die Tatsache, dass unser Verständnis immer auf einem reduzierten Abbild der Wirklichkeit beruht und dass wir deshalb prinzipiell außerstande sind, sämtliche Folgen der Folgen unserer Eingriffe abzuschätzen, wird verdrängt. Das knabenhafte Glück des Verstehens und Kurierens der Wirklichkeit aus einem Punkt heraus ist allzu verführerisch.

Als zweite Ebene nannten wir die Suche nach einem Landschaftsverständnis des kleinsten Eingriffs und damit die Kritik des Landschaftsbegriffs. Die Art, wie wir die Gesamtheit einer Umwelt als „Landschaft“ bezeichnen, ist ein ideologischer Trick. Wir teilen damit die Objekte unserer Umwelt ein in typische und atypische: Typisch für die malerische Landschaft sind beispielsweise die Landarbeiter, die sich in glühender Sonne auf einem Felde zu schaffen machten. Als nicht zur Landschaft gehörend empfinden wir das Auto des Grundstücksspekulanten, das gerade vor einem Bauernhof parkt. So verleiht uns der Landschaftsbegriff eine praktische Brille, die uns über die wahren Vorgänge der Zerstörung von Landschaft hinwegtäuscht und uns die

Herstellbarkeit schöner Landschaft für möglich halten lässt.

Dass Zerstörung und Wiederaufbau zu Zuständen der Entfremdung und zum Identitätsverlust der Bewohner führen können, ist heute auch konservativen Planern nachgerade bekannt. In der neuen Umgebung fehlen die Gegenstände des einstigen Alltags, an welchen sich der Rahmen des Bewusstseins festmachen konnte. Die neueste Architektur glaubt, dieses Fehlen durch Zitate ersetzen zu können. Dabei ist es nicht absehbar, welche Assoziationen solche Zitate bei welchen Betrachtern wecken und ob nicht das Vertrauen durch ganz andere Komplexe sichtbarer und gesellschaftlicher Zeichen gestützt werden müsste. Beim kleinsten Eingriff kann es sich jedenfalls nicht darum handeln, ein bloßes Zeichen des ehemaligen Daseins vor die Fassade des neuen Lebens zu kleben; gesucht ist vielmehr ein sorgfältiger Umgang mit dem Alltag und den Lebensumständen der von unseren Planungen Betroffenen.

Von einer Stadt, die eine Politik des kleinsten Eingriffs betreibt, berichtete der Baudirektor der Stadt Pavia, Federico Oliva. Diese Stadt hat sich entschlossen, nicht mehr für das Jahr 2000 und für die dannzumal noch zugewanderten Einwohner, also nicht mehr für die Wohnbauunternehmen zu planen, sondern für diejenigen Leute, die jetzt und heute in Pavia wohnen. Infolgedessen werden alle Planungen als sorgfältige, prozessuale Übergänge zwischen dem vorherigen in den nachherigen Zustand aufgefaßt. Nichts, was vorher Bedeutung hatte, soll durch die Umwandlung unnötig vernichtet werden. Wo noch ein Eingriff vorgenommen werden muss, da gilt die Regel, dass das Vorhandene bis zur äußersten Möglichkeit geschützt werden soll. Was die Landschaft anbelangt, die durch neue Erschließungen oder wirtschaftliche Umwandlungen der Landwirtschaft verändert werden muss, so kann man die Art der Behandlung nicht besser beschreiben, als wie sie im Kommentar zum Bebauungsplan der Stadt Pavia selber formuliert ist:

„Warum soll man zum Beispiel eine zu beplanende Fläche als eine Tabula rasa betrachten, auf der man den Launen einer bloßen Suche nach Formen freien Lauf lassen kann, wenn auf diesem Grundstück nicht nur Bauernhöfe sind, deren Erhaltung der Bebauungsplan verlangt, sondern auch Geländestufen, Büsche, bescheidene Trampelpfade, Entwässerungskanäle, Anfänge einer städtischen oder bäuerlichen Landschaft von hohem Wert? Warum beansprucht man die Erfindung ex novo einer Siedlung auf einem weißen Blatt Papier, um danach, um der Bebauung Leben zu geben, wieder Geländestufen künstlich einzuführen, Baumgruppen zu pflanzen, Fußwege anzulegen und sogar einen kleinen See mit Wasser zu füllen, indem man die bestehenden Ansätze von Landschaft vernichtet und andere schafft, die schwerlich ebenso reizvoll werden? (...) Überdies lehrt die Erfahrung mit all diesen neuen Siedlungen, die das Bestehende verleugnen – so wertvoll das Projekt auch sein mochte –, dass sie notwendig in Etappen gebaut werden und dass sie, bevor sie zu dem gewünschten Endzustand kommen (wenn sie das überhaupt je tun), jahrelang unfertig dastehen, kalt, ausdruckslos, da ihr Ausdruck, ihre Wärme, ihre Bedeutung allein aus der Vollendung entstehen können."

Auf einer viel abstrakteren Ebene bewegen sich die Überlegungen des englischen Literaturkritikers Stephen Bann. Für ihn ist die kleinste Intervention verbunden mit der mythischen Lektüre der Landschaft. Es werden vorher existierende Bedeutungen angerufen, eine poetische Landschaft wird geschaffen, ohne dass die heutigen Leistungen des Gärtners – ausgewachsene Bäume zu verpflanzen gehört heute zur Routine des Metiers – nötig sind. Vorbild ist hier die chinesische Landschaftsmalerei, die uns die Landschaft dadurch vertraut macht und Identifikation mit ihr ermöglicht, indem sie die in ihr herrschenden Gegensätze aufzuheben trachtet. So wenig wie die moderne Architektur mit ihren Zitaten, so wenig können die Künstler des Westens, die sich mit Land-Art befassen, Erfahrungen für den kleinsten Eingriff bieten. Viel zu sehr begnügen sie sich mit den traditionellen Techniken abendländischer Gestaltung: mit Perspektive, Geometrie, Abstraktion.

Für den französischen Gartenkünstler Bernard Lassus entspringt jeder Eingriff in die Landschaft zunächst einem Unverständnis dessen, was schon vorhanden ist. Wer einen landschaftlichen Anblick durch einen anderen ersetzt, muss sich überlegen, was wir durch einen solchen Eingriff verlieren und was wir gewinnen. Die erstaunte Verteidigung des Gartenarchitekten „… da war doch vorher nichts!" gilt nicht mehr. Wer eine Landschaft gestaltet, muss sich überlegen, ob die von ihm erzeugte Bedeutung von der Art ist, dass sie auch anderen Leuten, und auch solchen mit anderen kulturellen Voraussetzungen, verständlich ist. In unserer pluralistischen Gesellschaft muss eine Gestaltung mehrfachen Ausdeutungen zugänglich sein: Derselbe Park muss für Kinder auf einer anderen Ebene Bedeutung haben als für die Erwachsenen, die sie begleiten. In den Zonen vorstädtischer Landschaftsgestaltung sollte der Landschaftsgestalter nicht nur harmonisieren, sondern auch Landschaften mit kritischer Bedeutung gestalten. Das bloße Abschirmen und Weggrünen, wie es heute zur Tätigkeit des Gärtners geworden ist, macht unsere

Alltagsumgebung unablesbar, indem es unvereinbare Dinge zu einem Kontinuum zusammenfügt.

Gemäß der Auffassung des deutschen Vegetationskundlers Karl Heinrich Hülbusch erzeugt der gärtnerische Eingriff das Unkraut. Das unermüdliche Jäten, wenn nicht gar Vergiften, das wir in unseren städtischen Anlagen beobachten müssen, ist eine Folge davon, dass die Spontanvegetation der Stadt durch eine ästhetische Umwandlung unserer Wahrnehmung zu Unkraut geworden ist. Dieses kommt daher, dass die moderne Blumengärtnerei Produktionscharakter angenommen hat. Das Blumenbeet, Grundelement der akademischen Landschaftsgestaltung, imitiert das Gemüsebeet, auf welchem allerdings, will man eine Ernte einbringen, das Unkraut entfernt werden muss.

Kraut also, so lautet die Lehre des kleinsten Eingriffs, darf nicht dadurch zu Unkraut gemacht werden, dass sich die Ziergärtnerei zur Blumenproduktion degradiert.

Bazon Brock schließlich befasste sich mit der Bewahrung unserer historischen Umgebung in der Weise, dass Trümmer, Ruinen Bedeutungsträger des Alltags bleiben müssen. Zur Illustration solcher Leistungsfähigkeit von Ruinen führte er eine Situation in Berlin vor, an der er eine historische Interpretation vornahm. Das Gelände ist an einer Seite durch die Berliner Mauer begrenzt. Ohne Information ahnt der Betrachter nicht, dass an dieser Stelle schon im 18. Jahrhundert eine ähnliche Mauer gestanden hat, die eine Kaserne umschloss, in welcher die preußischen Könige ihre unfreiwillig zusammengetriebenen Soldaten solange einsperrten, bis sie, wie man damals sagte, Gehorsam lernten. Flüchtlinge wurden auch damals erschossen. Die kleinstmögliche Intervention besteht also in der Bewusstmachung der Kontinuität von Zuständen, die uns fälschlicherweise als einmalige Fehler, die von einer vernünftigen Entwicklung behoben werden können, erscheinen oder vielmehr dargeboten werden.

Wenn die Ruine in besonderem Maße Trägerin einer Information ist, die uns die Verarbeitung der Gegenwart ermöglicht, so muss sich die Theorie des kleinstmöglichen Eingriffs mit dem Bau von Ruinen befassen. Das Unvollendete, schon Ruinöse, stellt das Gegenteil jener „sauberen Lösungen" dar, die, stets rechthabend und stets zur Katastrophe führend, unsere Welt zerstören.

## Der minimale Eingriff (1987)

Eine „ungemalte Landschaft" ist die Landschaft in unseren Köpfen, die wir uns durch Erziehung und Lektüre aufgebaut haben und die es uns erlaubt, die Umwelt als Landschaft wahrzunehmen und ihr eine Bedeutung zu zuordnen. Der kleinste Eingriff wäre derjenige, der eine Landschaft verändert ohne den Einsatz von Bulldozern und Kunstdüngern, alleine dadurch, dass die ungemalte Landschaft in unseren Köpfen verändert wird und wir deshalb der Landschaft, die wir erblicken, eine andere Bedeutung geben.

Zwei Prozesse sind es, die die Landschaft in unseren Köpfen aufbauen: der säkulare Prozess unserer Kultur und der Prozess der persönlichen Erziehung und Bildung, der den kulturellen Prozess in ähnlicher Weise wiederholen muss wie der Embryo, der vergangene Phasen der phylogenetischen Entwicklung durchmacht.

Dieser kulturelle Prozess setzt ein, als der Städter, befreit von der täglichen Arbeit auf den Feldern, ein neues ästhetisches Bewusstsein über die seine Stadt umgebende Landschaft entwickelt. Diese relativ neue Wahrnehmung der Äcker als Landschaft ist so selbstverständlich geworden, dass wir Mühe haben, uns einen vorausgegangenen Zustand überhaupt vorzustellen. Aber wir können es heute immer noch erleben, wenn wir die Alpen im Eisenbahnwagen überqueren, in dem sich Touristen und Bauern befinden, dass die fremden Städter durch die Fenster schauen und die Schönheit der Landschaft preisen, während die Bauern zueinander sagen: Hier möchte ich nicht Bauer sein; da ist es viel zu steil zum Mähen, und das Gras scheint ganz mager.

Friedrich Schiller macht auf dieses neue ästhetische Bewusstsein in seinem Gedicht „Der Spaziergang“ als ein Ergebnis der Befreiung von den materiellen Bedingungen der Feldarbeit aufmerksam. Der städtische Spaziergänger sieht „das glückliche Volk der Gefilde, noch nicht zur Freiheit erwachet“ als ein Teil der Landschaft. Er selbst, der dieses Bewusstsein erlangt hat, der die Landschaft als einen Ort der Muße und der Arbeit begreift, wird zum Zuschauer. In ähnlicher Weise hat uns der Geografielehrer die Landschaft des Ruhrgebietes eingepaukt. Typisch waren die rauchenden Schlote, die Fördertürme und die von der Schicht heimkehrenden Bergarbeiter mit ihren blauen Schirmmützen. Glückliches Volk …!

Jetzt sehen wir, dass das Wort Landschaft trickreich ist. Einerseits konstruieren wir ein einheitliches Bild aus Myriaden von Eindrücken, die auf uns einwirken. Zugleich grenzen wir andererseits typisches und nichttypisches ein und aus: Zechen für das Ruhrgebiet, Schafe für die Highlands. Das führt uns zu der Frage, wie wir wohl reagieren, wenn wir auf unbekanntes Terrain stoßen, das nicht mit den Bildern in unseren Köpfen übereinstimmt. Während die Fördertürme des vergangenen Kohlezeitalters im Ruhrgebiet erhalten werden, dürfen sie aber nicht überall aufgestellt werden. Jetzt wird auch das ideologische Potential des Wortes Landschaft sichtbar, wie es zum Beispiel Hitler und sein Planer Alwin Seifert bei der Gestaltung der deutschen Autobahnlandschaft gesehen haben.

Landschaft war zunächst ein Wort aus der Alltagssprache der Politik; es bezeichnete das Land um einen Machthaber oder eine Stadt herum. Insofern man dieses Land auch abmalte, wurde es ein Wort der Landschaftsmaler. Die Fachleute begannen, das Wort auch in einem abstrakten, von der politischen Landschaft losgelösten Sinne zu gebrauchen: die schöne Landschaft. Hier konnte nun einfließen, was die antike Dichtung schon aufgebaut hatte: der Topos des schönen Ortes, wie sie der Beginn des Hirtenliedes bildet – eben jener Gattung von Dichtung, die die ersten Stadtvölker ersannen, nachdem sie die letzten Bauern versklavt hatten: Glückliches Volk …!

Nachdem so Landschaft ein Wort der Fachsprache der Maler geworden war, übernahmen es die Reisenden und Touristen: überall entdeckten sie „Landschaften“, was soviel bedeutete, dass sie auf ihren Reisen Orte fanden, die dem entsprachen, was sie zuvor auf Bildern gesehen oder sich in ihrer Phantasie vorgestellt hatten. Schriftsteller beschrieben oder konstruierten Landschaften, die verstärkt solche Züge des Allgemein-Schönen trugen, dass der Leser sie leicht mit den eigenen „ungemalten Landschaften“ in seinem Kopf kombinieren konnte. Ein extremes Beispiel findet sich zu Beginn von „Wilhelm Meisters Wanderjahre“, wo Goethe dem Leser sogar die Staffage – die heilige Familie auf der Flucht – mitliefert.

Mit den „Bildern“ der Schriftsteller und insbesondere der Reiseberichterstatter in den Köpfen beginnen die Laien das „Typische“ einer Landschaft zu erkennen. „Landschaft“ erhält eine neue Alltagsbedeutung, wieder näher bei der alten, politischen: Landschaften sind die Orte, an welchen wir unseren Urlaub verbringen. Landschaft wird jetzt vom ewigen lieblichen Ort zu einem Gegenstand der Mode und des ästhetischen Verschleißes. Die Geschichte des Tourismus in den Alpen kann als Entdeckung und Vernichtung der Landschaft gesehen werden: um 1800 die großen Seen, ab 1840 die kleineren weiter in den Bergen, gefolgt von den Wasserfällen, dann die höheren Täler, Davos, St. Moritz, gefolgt von den Gletschern, Bernina, Aletsch und die Furka, bis schließlich Ende des 19. Jahrhunderts nur noch eine Sensation übrig blieb – die Skisaison.

Die interessanteste Form der Vermittlung typischer Landschaft ist der Spaziergang; – im Automobilzeitalter auch die Spritzfahrt: interessant dadurch, dass sich aus der Kette der auf dem Spaziergang angelaufenen/gefahrenen und gesehenen Orte das Bild einer nie gesehenen Landschaft ergibt. Der Tourist besucht Vézelay, die Ruinen von Cluny, wirft einen Blick auf Beaune, probiert den Wein und weiß, wieder nach Hause zurückgekehrt, wie es im Burgund aussieht, was dort das Typische ist und wie die Leute dort ihre Landschaft verschandelt haben, indem sie offenbar gar nicht merken, was das Typische sei. Die Reise, der Spaziergang und die daraus gewonnenen Informationen haben die größte Bedeutung für die „ungemalten Landschaften“ in unseren Köpfen. So, jetzt können wir zu unserem ersten Thema zurückkehren, dem minimalen Eingriff.

Wenn wir akzeptiert haben, dass die Landschaft kein existierendes Gebilde ist, sondern ein Konstrukt unserer

Wahrnehmung und ihren kulturellen Strukturen, dann müsste das auch Folgen haben für die Beurteilung derjenigen Kunst, die uns künstliche Umgebungen schafft, also das Gärtnern.

Die Gartenkunst ist heute in keinem guten Zustand – ich schränke mich vorsichtig ein: auf dem Kontinent mindestens in ihren offiziellen Manifestationen, den Gartenschauen. Dort kann man beobachten, dass maximale Mittel eingesetzt werden: der Bulldozer, spezielle Züchtungen, extreme Düngungen bis hin zur völlig willkürlichen Zuteilung von Boden. Topographie, Bodenart und Bewässerung spielen keine Rolle mehr, alles ist überall möglich: Quellen und Sumpfvegetation auf Hügelkuppen, Steppengräser in ehemals feuchten Talgründen. Alles ist infolgedessen kombinierbar: man sieht Azaleen zwischen Steppenpflanzen, Riesentulpen zwischen Zwergkoniferen, Teiche in Hanglagen und Wasserfälle auf Talsohlen. Die Folge: da alles möglich und kombinierbar ist, werden Mittel eingesetzt, die sich widersprechen; es resultiert infolgedessen kein Effekt. Da die Effekte wirkungslos bleiben, werden die Mittel verstärkt – in dem Glauben, dann springe die gewünschte Information auf den Betrachter über.

Schon zweimal in der jüngeren Geschichte hat sich die Gartenkunst in eine solche ausweglose Situation verrannt. Beide Male wurden ihr von Außenseitern die neuen, entscheidenden Impulse zugeführt. Das erste Mal, als englische Dichter und Dilettanten den formalen Garten durch den Landschaftsgarten ablösten, und das zweite Mal, als die Architekten des Jugendstils und der Moderne den zur Routine gewordenen Landschaftsgarten durch den architektonischen Garten ersetzten. Mit der Theorie vom kleinsten Eingriff ist die These verbunden, dass Künstler es sind, die die

Gartenkunst aus der Verstrickung in den maximalen Eingriff befreien.

Die Landschaftsgärten des 18. Jahrhunderts waren große Unternehmungen, die aber nach den Regeln des minimalen Eingriffs ausgeführt wurden. Lancelot „Capability“ Brown erhielt seinen Spitznamen, weil er nach Orten suchte, die das Potential hatten für das, was er sich vorstellte, während die ursprüngliche Topographie und Vegetation beibehalten wurde.

Die Umwandlung des Wilhelmshöher Parks in Kassel von einem barocken Garten in einen Landschaftsgarten war mit riesigen Erdbewegungen verbunden, folgte aber der Methode des minimalen Eingriffs. Der Kurfürst wollte den Garten ohne Zerstörung der Arbeit des Großvaters – eine Kaskade aus Wasserfällen, gekrönt von der gigantischen Statue des Herkules – erneuern. Der Eingriff bestand darin, eine „gotische“ Burg im oberen linken Bereich und die Ruine einer römischen Wasserleitung im unteren Bereich auf der rechten Seite der mittleren Achse einzufügen: so wurde die berühmte S-Form geschaffen, und die unangetastete Herkules-Statue wurde zu einem Gartengestaltungsmerkmal unter vielen. Die gleiche Transformation wiederholt sich en miniature in der formalen Mitte des Gartens. Sechs Wege breiten sich sternförmig von einer Grotte aus, ohne sie zu stören. Aber mit der asymmetrischen Wasserführung in der S-Form erscheint die neue Gestaltung, was die Naturvorstellung des Betrachters betrifft, als scheinbar unberührt.

Alle großen Parkanlagen des 18. Jahrhunderts beinhalten das gleiche grundliegende Paradox: Landschaft wird durch die Landschaft dargestellt. Die Symbole können nicht unabhängig vom unmittelbaren Eindruck des natürlichen und bestehenden Ortes wahrgenommen werden. In der Tat haben Untersuchungen gezeigt, dass viele Besucher des „englischen Gartens“ in München, entworfen von Sckell, glauben, dass sie sich, obwohl im Herzen der Stadt, an einem Ort befinden, der „ursprünglich“ ist. Diese direkte Darstellung von Landschaft mit Landschaft ist noch kein Ausdruck des minimalen Eingriffs, der darauf abzielt, die Phantasie des Betrachters über Zeichen zu beeinflussen; bei bewusster Verwendung hat der minimale Eingriff in diesem Zusammenhang als Trick einen künstlerischen Charakter.

Bernard Lassus entdeckte die Bewohner als Landschaftsgestalter, die ihre kleinen Gärten durch minimale Eingriffe unendlich erscheinen lassen. Der oberflächliche Betrachter mit bürgerlichem Hintergrund sieht oft nichts anderes als die wortwörtlichen Bilder: Gartenzwerge, miniaturisierte Häuser, Schlösser und Rehe. Jedoch verwenden die Phantasievollsten unter den Vorort-Gartenarchitekten diese Bilder nicht als Bilder, sondern als Symbole, um Distanz und Wechselbeziehungen zu vermitteln: Windmühle und Schiff als Zeichen der weiten Ebenen, die Miniatur-Gebäude und die sie umgebenden Pflanzen, um den Übergang von der vom Menschen geschaffenen Natur darzustellen.

In seinem eigenen Werk versucht Lassus die Beispiele der Vorort-Gartenarchitekten zu nutzen, so dass die privaten Symbole zu Zeichen werden, die von der Allgemeinheit verstanden werden können: die Gestaltung eines öffentlichen Gartens muss durch einen gemeinsamen Code Bedeutung erlangen. Der größte Erfolg für Lassus ist, wenn seine Intervention – der Kunstgriff – Wirklichkeit wird.

Auf der Stuttgarter Bundesgartenschau habe ich gesehen, dass Landschaftsarchitekten eine Wasserquelle auf einen künstlichen Hügel installierten, dem Dach eines

Autobahntunnels: der Zusammenhang von Quelle und unterirdischen Wasseradern wurde völlig unlogisch, und die gesamte Konstruktion ein Beispiel für eine maximale Intervention. Lassus, der oberflächlich betrachtet ähnliches tut, gelingt es, Falsches in Echtes zu verwandeln. Bei einem seiner Projekte entwarf er eine Brücke über eine Autobahn, die einen öffentlichen Park zerteilt. Er gestaltete die Brücke teilweise als künstlichen Felsen und platzierte einen ländlich anmutenden Brunnen auf ihr. Während in Stuttgart der Versuch, eine komplizierte Situation zu „glätten" in einen gigantischen Eingriff mündete, wurde der ironisch nachgeahmte Brunnen von Lassus ein beliebter Hintergrund für Hochzeitsfotos: seine Fälschung wird wegen des poetischen Charakters als Wahrheit akzeptiert.

Die Gärten von Ian Hamilton Finlay sind ebenfalls durch minimale Eingriffe geprägt: sie vermitteln sich durch künstlerische Symbole und kommunizieren durch poetische Inschriften. Mit den Mitteln des zweiten Mediums verweist lan Hamilton Finlay direkt auf ein kulturelles Vokabular. Durch die Inschrift auf einem Stein „See Poussin, Hear Lorrain" wird der Teich eines winzigen Bauernhofs zu einer Szene aus der klassischen Malerei. Die Signatur von Albrecht Dürer auf einem Stcin im Gras erweckt Assoziationen mit dem großen Rasenstück aus der Albertina in Wien. lan Hamilton Finlay vermittelt zwischen Dingen, die normalerweise als Gegensätze gelten: der Garten und der Wald, der Teich und das Meer, die Ruhe des „lieblichen Ortes" und die Schlachtfelder des Zweiten Weltkriegs; die Tugenden der Bauern und die Tugenden der französischen Revolution. Schließlich gibt der Garten von lan Hamilton Finlay Aufschluss über das Verhältnis von Natur und Betrachter. Seine Inschriften auf Baumstämmen sind Anspielungen; arkadische Poesie und das Motiv, seinen Namen in die Baumrinde zu ritzen, Schildchen in einem botanischen Garten und die Beschriftung von Natur – zukunftsgerichtete Versuche in einer sich ändernden kulturellen Situation.

Das Thema Wissenschaft als vergeblicher Versuch, der Natur nahe zu kommen, taucht immer wieder in den minimalen Eingriffen von Paul-Armand Gette auf. Sein Projekt für den Botanischen Garten in Basel reicht von der Ausdehnung der Wolken bis zu kleinen Emaille-Etiketten an allen Pflanzen auf einem angrenzenden Hügel mit der einzigen Beschriftung „Plantago Lanceolata, L.“, Spitzwegerich; während er mit „Kassel – Ein botanischer Garten“ die Straßen und Freiflächen der Stadt in einen einzigen botanischen Garten verwandelt und die Pflanzen, die aus den Rissen der Bürgersteige sprießen, mit lateinischen Namen beschriftet. Der neueste minimale Eingriff zielt auf alle neu gebauten Kunsthallen in Europa ab und hat die Landschaft zum Thema. Gette plant, Seerosen aus Kunststoff in den Waschbecken der öffentliche Toiletten der Ausstellungsgebäude zu installieren und mit Hilfe der Inschrift „0 m“ (0 Meter) an der Tür die ironische Frage nach dem Beginn der Landschaft zu stellen. Leider bewilligte nur das Centre Georges Pompidou in Paris diese komplexe Installation mit den Anspielungen auf eine Monet-Landschaft.

Durch einen extrem minimalen Eingriff interpretierte James Lee Byars im Sommer 1983 eine unendlich weite Landschaft, natürlich nur in den Köpfen der Zuschauer. Die Performance mit dem Titel „A Drop of Black Parfume“ wurde in der grandiosen Umgebung der Furka, zwischen Wiesen, Felsen und Schneeresten inszeniert. Der Tropfen des synthetischen Parfüms landete auf einem der Millionen Steine auf der Wiese, sorgfältig ausgewählt von dem Künstler in seinem goldenen Gewand mit Hut, eine kurze Performance, die scheinbar aus einer völlig sinnlosen Handlung bestand. Ein Tropfen Parfüm ist nichts gegen den Geruch von Kräutern und Blumen der Alpenluft. Doch verwandelt dieser sekundenlange Eingriff das gesamte Panorama der Furka.

Das Vermächtnis von Joseph Beuys in Kassel, das Projekt „7000 Eichen", ist ein sehr ehrgeiziges und umfangreiches Kunstwerk. Dennoch würde ich es als einen minimalen Eingriff bezeichnen, weil es künstlerische Mittel verwendet, um Umweltprobleme zu kommunizieren. Sachzwänge der Politik und der öffentlichen Ordnung können durch einen Außenseiter, einem Künstler überwunden werden – weder durch Gewalt, Revolution noch durch eine subversive Underground-Aktion, sondern durch normale öffentliche demokratische Prozesse. Die 7. documenta lud Beuys 1982 ein, eine Skulptur auf dem Friedrichs-Platz direkt vor dem Hauptgebäude der Ausstellung, dem Museum Fridericianum, zu errichten. Seine Skulptur bestand aus 7000 säuberlich abgelegten Basaltblöcken. Darüberhinaus erklärte Beuys, dass er 7000 Bäume auf öffentlichem Grund in Kassel pflanzen möchte, und dass für jeden gepflanzten Baum ein Basaltblock aus der Skulptur entfernt und neben den frisch gepflanzten Baum platziert würde. Die Skulptur bestand also aus ihrem langsamen Verschwinden, verbunden mit dem Bewusstsein, dass, wenn ein Stein weggenommen wurde, ein neuer Baum in einem Stadtbezirk gepflanzt wird. Die Skulptur war vollendet, als sie verschwunden war, gepaart mit der Information, dass die Stadt Kassel jetzt, mit den Worten von Beuys, gut verwaldet (gut verwaltet) ist.

Die politische Absicht der Arbeit von Beuys gründet sich auf der Annahme, dass eine gut regierte Stadt eine

Garten-Abteilung haben sollte, deren Politik es ist, Bäume zu pflanzen, wo immer es möglich ist. Das Konzept der 7000 zusätzlich gepflanzten Bäume des Künstlers erschien der Gemeinde Kassel völlig absurd; sie konnte sich nicht mit dem Gedanken abfinden, aber eine solche Spende auch nicht ablehnen. Die Skulptur war bereits installiert, ihre vorzeitige Beseitigung würde die Bürger darauf aufmerksam machen, dass die 7000 Beuys-Bäume vielleicht an eine andere Stadt gingen. So blieb der Verwaltung nichts anders übrig, als dieses Vermächtnis zu akzeptieren und beaufsichtigte die Pflanzungen sogar selbst, um weitere Skandale zu vermeiden. Sie musste mit einer Untersuchung über 7000 Baum-Standorte beginnen, die nach offiziellen städtischen Verlautbarungen gar nicht existierten.

Jetzt komme ich kurz zu den Gärten zurück. Es ist bestimmt sehr kurz gedacht, dass wir von der Kunst direkt lernen können. Wir können aber vom Prinzip des vermittelten Ausdrucks, von minimalen Eingriffen, lernen. Die jüngsten Gartenbau-Stile haben alte Paradoxien wieder erreicht. Die klassizistische Tendenz ist fehlbar, insofern sie synchron zur klassizistischen Architektur ist, und das Ergebnis ist eine starre Konformität zwischen den Stilen von Haus und Garten. Die Alternative, der ökologische Garten, führt zu den gleichen Problemen wie der alte landschaftlich gestaltete Garten.

Natur ist unsichtbar und kann nicht direkt, sondern nur durch Bilder dargestellt werden. Mit unseren 500–1000 qm großen Gärten können wir nicht hoffen, eine seltene Pflanzenart vor dem Aussterben zu retten, aber wir können die Schönheit der unberührten Natur symbolisieren.

***Vier Spaziergänge mit Annemarie & Lucius Burckhardt***

*1. Doppelseite*
***„0 Meter Spaziergang"****, Kassel-Wilhelmshöhe, 1985. Die Wanderung durch den Park führte zu zehn im Voraus aufgestellten Bilderrahmen, durch welche die Landschaft des Landschaftsgartens als ein Bild wahrgenommen und kritisiert werden konnte. Rechts ist hier eine Beschriftung angebracht: „Das Bild zeigt die Cestius-Pyramide. Sie soll uns an das alte Rom erinnern. Dort hatte sich der reiche Cestius eine Pyramide bauen lassen, die ihn an das alte Ägypten erinnern sollte."*

***„Die Fahrt nach Tahiti"*** *führte 1987 auf einen verlassenen Truppenübungsplatz bei Kassel. An verschiedenen Stationen des Spaziergangs wurden von einem Schauspieler Texte von Georg Forster gelesen, der 1772 mit Captain Cook auf Tahiti war. Man sah die Kasseler Dönche und hörte Tahiti. Die Beschreibungen der paradiesischen Insel trafen auch auf diesen Ort zu.*

*2. Doppelseite*
***„Das Reisebüro der Villa Medici"****, Rom 1997. „Goethe, Winckelmann & Co, als sie hier spazierten, sahen ein ganz anderes Bild als wir." (Lucius Burckhardt anlässlich der erstmaligen Öffnung des Gartens der Villa Medici für die Öffentlichkeit.) Zusammen mit einer Gruppe römischer Künstlerinnen und Künstlern entwickelte er zehn Spaziergänge von dort aus in das Rom jenseits der Postkartenbilder.*

***„Das Zebra streifen"****, Kassel 1993. Das mobile Auge. Die Spaziergangswissenschaft sucht den Ort und das Lebendige auf, versucht sich darin, das Betrachten wiederzuentdecken. Betrachten heißt, neue Blickwinkel erschließen, Sehweisen ausprobieren, ungewohntes wahrnehmen, störende Elemente aufdecken, Fehler machen und bei sich selbst bemerken. Spaziergangswissenschaft will ein anderes Verständnis von Zeit und Raum gewinnen.*

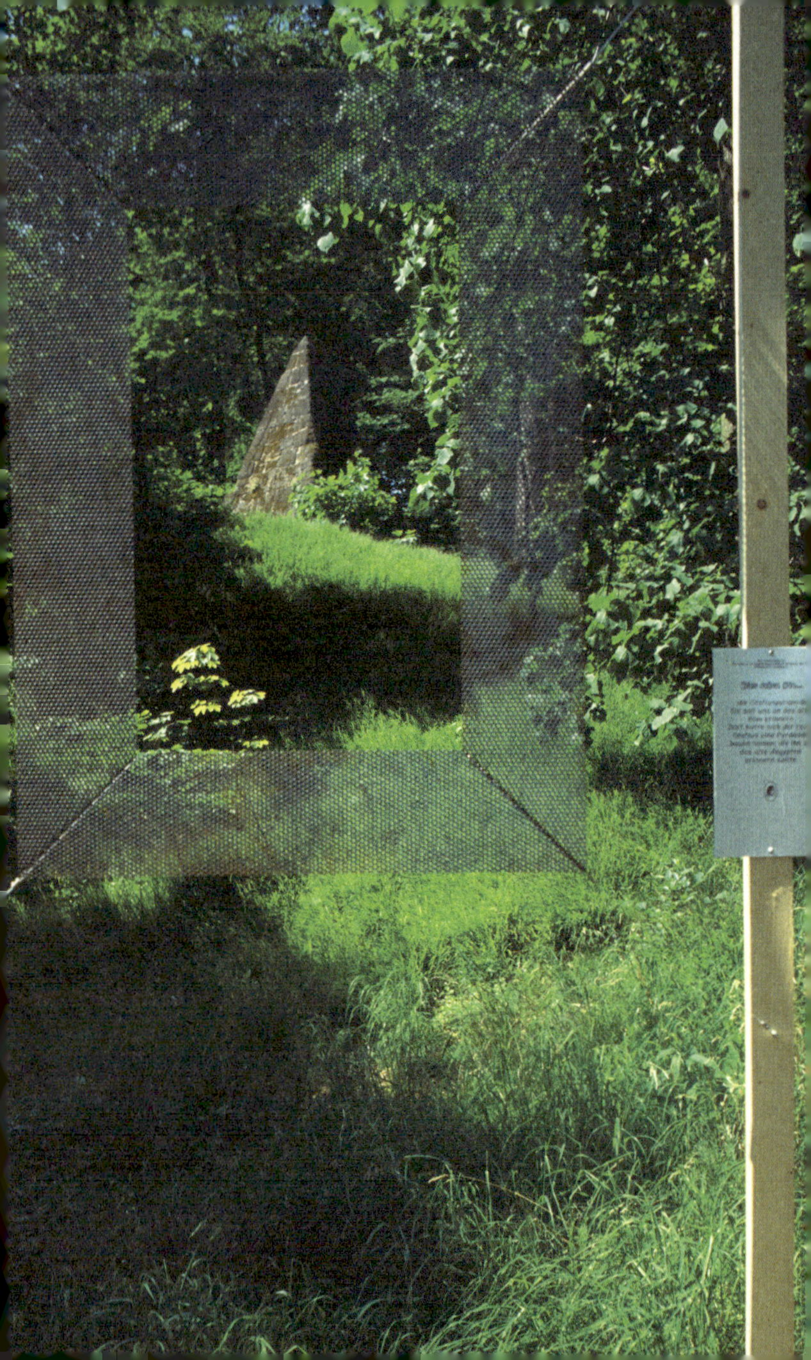

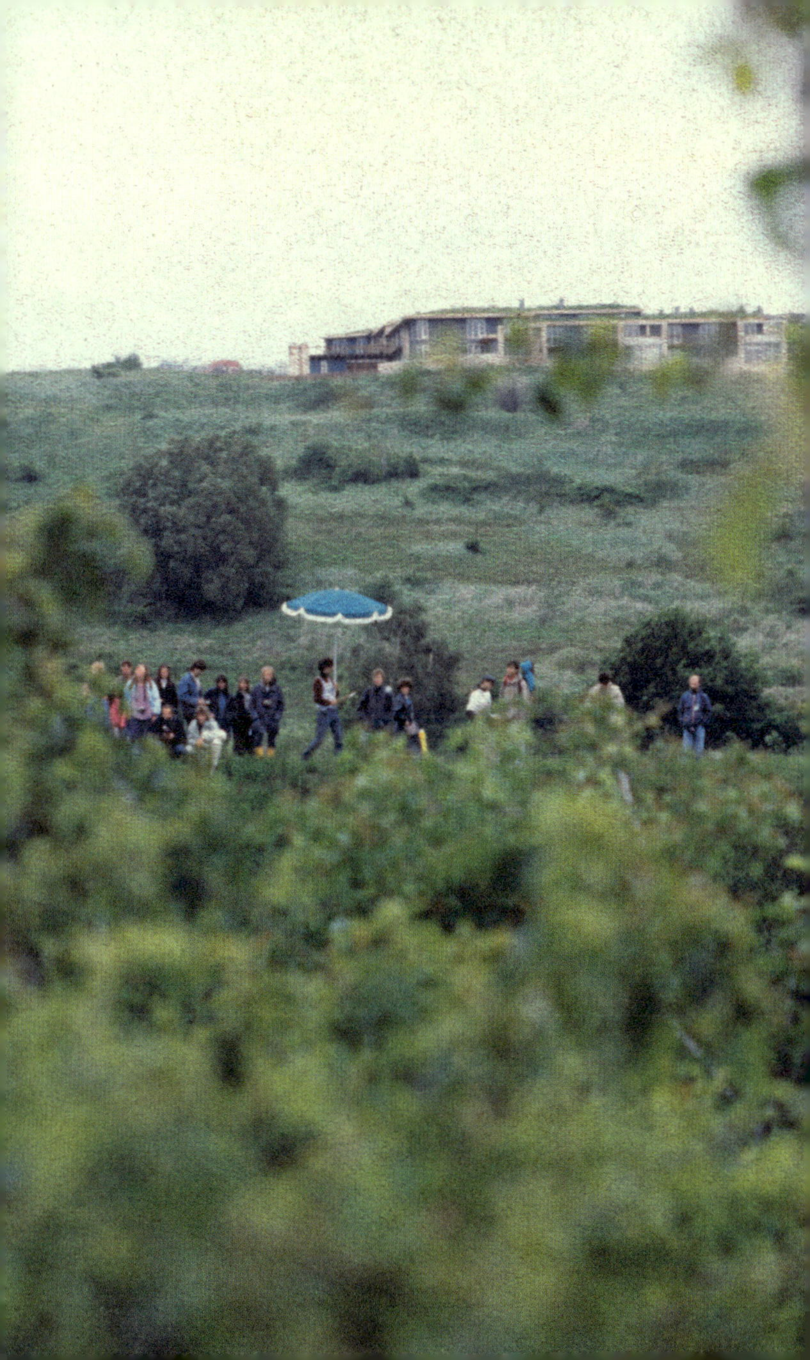

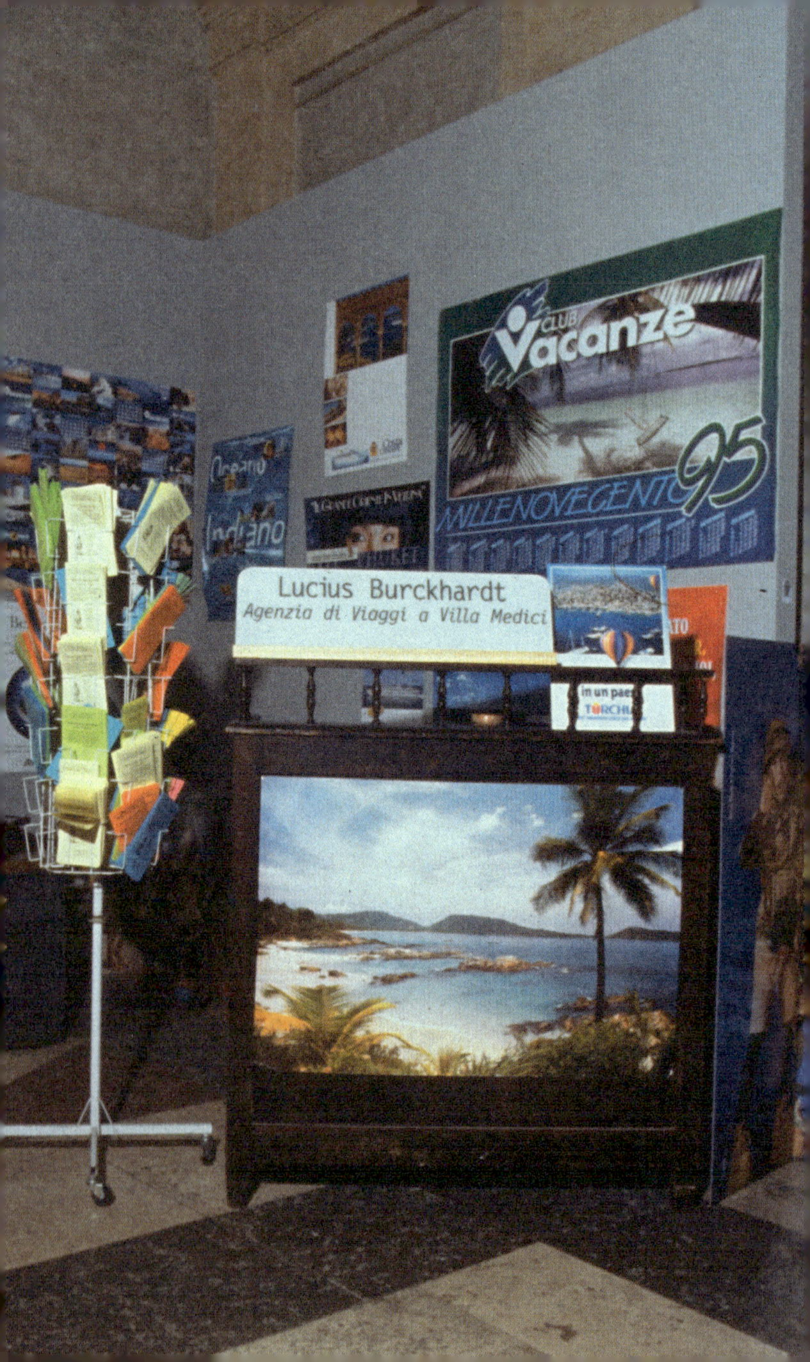

Lucius Burckhardt
Agenzia di Viaggi a Villa Medici
CLUB Vacanze
MILLENOVECENTO95
Oceano Indiano
in un paes

My Body Didn't
Come Before Me

# My Body Didn't Come Before Me

**POEMS**

Kuhu Joshi

SPEAKING
TIGER

SPEAKING TIGER BOOKS LLP
125A Ground Floor, Shahpur Jat,
New Delhi 110049

First published by Speaking Tiger Books in paperback in 2023



ISBN: 978-93-5447-583-2
eISBN: 978-93-5447-593-1

10 9 8 7 6 5 4 3 2 1

Typeset in Sabon Roman by SÜRYA, New Delhi
Printed at Shree Maitrey Printech Pvt. Ltd., Noida

## CONTENTS

# MY BODY DIDN'T COME BEFORE ME

## I tell myself I am beautiful

I am twisted
and turned. Moving
in to and out of. My bones

know no direction.
They choose not to limit
to straightness. Rivers

that curve and meander
to anywhere. They twist
inside me

trying to find their way.
They push
and change every day.

They grow
into a deeper S. And I tell myself
I am beautiful

so I do not feel the need
to be normal. I tell myself
I am beautiful

so I do not feel the need
to be something I am not.

## The day of the fitting

I enter the basement

of the Spinal Injuries Hospital. It is white,

walls and a bed and a curtain. Mom is holding my hand.

There is a doctor, also in white. He does not look at me.
He says namaste to Mom.

He dips his hand into a tub of white liquid, pouring more
white powder into it.

*She will have to take her clothes off*, he says while mixing.

I am in blue bloomers and white baniyaan. *Keep this on*,
Mom says inside my ears.

The doctor pulls open the curtain and points to a stool. I
sit on it and he shuts out Mom.

Suddenly, wet on my side-ribs, wet under my breasts, wet

under my armpits, wet on my abdomen. His hands are cold,

as they rub wet all over. He says, *keep your arms out to
the side and stay still.*

White liquid turns solid around my torso. I do not breathe
from fear of cracking.

Mom is peeking through a gap in the curtain.

Next step, I am lying face-down on the white bed. The hands are messing

wet on my back ribs. I smell cement and Mom's perfume.

I smell the doctor's sweat as he moves.

I am a mummy, front and back. He takes a saw and I am alive.

He cuts open the plaster. I stand so he can take it off me.

In his hands, the skeleton of my body. In his hands

the silence of my spine, white and hollow. Mom is still standing.

And so am I.

Arms out, naked.

## In this one you win

*(For Mom)*

In this one you are
cutting squares out of blue fabric
that you matched with my school dress.
You are sewing up the edges.
The doctor said twenty-two hours:
one for bathing and one of my choosing.
He gave us two hours outside the cage.

In this one I tell you
I won't go to school anymore.
'You can't make me.' I shut the door.
I think a lot about the cold, wet plaster.
And the hands of the doctor
moulding it around my waist.

In this one you are driving home the cage
sitting next to me in the car
and my tears in your rear-view mirror.

In this one you are showing me
how to wrap the blue fabric on the iron ring.
Soft cotton asking me to live.
'It looks just like a scarf!'
I think maybe it's true. No one will know
I have rods up my chest and back.

In this one you are sitting in the MRI room
while I lie inside the machine.
The car key flies from your hand
and smacks the round giant.

## In Nani's house

I push my weight
against the sturdy swing-door
of Nani's house.
My eyes catch white and grey:

Nana's pebble garden
where we would discover
fat pieces of rock. *Khadiya.*

We would write our names
and make animal faces
on small slates.
My baby brother and I.

Papa isn't here.
Mom is cutting fruit.
Inside, on her favourite chair,
Nani is chopping kaddu.
She hobbles back and forth from the kitchen.
Nana's radio plays sitar.

My brother and I are free.
We take *khadiya* and draw our future.
We wipe the details we do not like.

It is dark when we hop back inside,
pick our places at the dinner table.
I, an astronaut,
digging into mango chutney.
He, a mountain,
birthing pahadi raita.

Papa isn't here

and we are free to dream
in Nani's house.

## Yoga in a saree

Kamala likes it. Thighs stretching, petticoat breathing,
feet pressing together in a namaskara
to brown dogs licking their paws, scratching mud
for today's breakfast.

Adhomukhasvanasana:
Kamala mimics their pose, elongating into
the downward-facing dog. Kamala feels the wind tickling the skin on her lower back,
sweeping her braid off her hip to greet
her right breast. Kamala enjoys

opening her chest. Challenging five little hooks to battle
gravity as it cradles her breasts.
Kamala likes this crackling of bones, spreading of legs,
tightening of palms, lengthening of neck,

this inhalation-exhalation, this dipping of butt, this bending of spine, this clenching
of gut, this flaring of collar bone,
only for herself.
Kamala carries nine yards around her body,

spins them into Natarajasana, inverts them into Shirsasana. Neatly tucked pleats
flying to the sky, palloo a green waving-flag brushing nose, then thigh. Elbows
digging into the earth.
Sita incarnate, inverted.

## Follow-up appointment

I had to spell it—h o p e l e ss n e ss
had to hiss my tongue twice, had to pronounce

right, had to say other words—tired empty hollow
like a bottomless bowl of brass, embossed,

till I tasted the bitter melt of Escitalopram
on the lilt of my tongue standing in front

of the pantry at work; till smiling good morning
colleagues watched my eyebrows knit but didn't

ask what is this medicine? I had to hear it
from the lady doctor, wise in her metallic zipper

coat, saying let us not taper anymore.
Had to hear my name—Kuhu—had to whisper

Kuhu down my throat, had to rub my palm in circles
around my navel, had to feel the bed flatten

underneath my spine, had to hear her say—Kuhu
you take care of yourself.

## A girl. Scoliotic.

I don't remember her name.

I remember her Instagram handle. sco.lio
_something. I remember clicking on her

to compare her

curves to mine. On the grid, she appeared in black and white
X-rays. Her spinal cord a perfect S shape

in one, lodged with bullets

in another. *Wait. Those are not bullets.*
I squeezed my screen

into iron nails, iron bars,
iron nails screwing together iron bars,

something a doctor might draw, a bad
little scrawl, her spinal cord lodged

left and right with bullets.
I keep saying bullets. They were nails

and they were finger-sized, and they were inside
her, sitting next to her kidney, brushing the walls

of her intestine. They looked tight. Like corsets
on drugs. Dug into the pink

fleshiness across her ribcage,

deeper and deeper at the fat

portion of her S. When I saw her, my first thought

was relief.
Second, was tightness.

Third was my palm unhooking
my vertebrae. Fourth, the absence of bullets.

Fifth, my curve
was never that curvy.

Sixth, my god, she is so skinny.
Seventh, how will she have sex?

Eighth, when she moves,
do the bullets move with her?

## All. those years. of breathing

into the belts around my chest. How tight
they had to be. There could be no gaps

for breath
to float in or float out. The truth is

it hurt. The truth

is my arm twisted when I pulled on the buckle to make it tight.
more tight. more
tight. The truth is I could not

stop. They were never tight

enough. The truth is my bras got loosened, old,
that I never got to buy sexy ones.
Not violet sequin, not auburn lace. The mannequin women
jut out their breasts. The truth is my rib cage
had lines. That I learnt to name
some shades of pink. Salmon? Flamingo? Hot-pink?

The truth is not breathing
becomes easier. That my boobs popped

between the belts, that I was only twelve. The truth is
I never felt sexy. The truth is Vikas ji

stared at my boobs. So did the other men.
The truth is I deserved it. Deserved to be strapped

back into shape. Now, my ribs
feel everything.

## Pooja

Panditji can sit on our divan but Lekha cannot.
She cooks food for us and he offers it to the Gods.

I don't tell Dadi I am on my period. Steal
pooa off the prasad ki thali. Dadi is making me carry

banana leaves to the pooja room. They are larger
than her torso and will be used for the havan.

Lekha is not allowed to touch them. Bua
comes at 2 p.m. sharp to prepare halwa-prasad. Lekha sits

in the balcony next to the washing machine,
playing with her little niece. Aaru is three

and has a boy-cut now. I call her inside, offer my stool.
This time when she leaves, she says bye-bye to me.

Dadi is telling Lekha that Aaru will be a good sweeper.
'Even better than me?' Lekha is laughing. I want to say no.

Aaru will be whatever she wants. Like me,
she will go to office, wear running shoes.

Panditji is starting the pooja. A cone of incense
and some shloka. I sit knees-open on the stool,

elbows shooting out of my thighs,
hit rose petals at the Gods.

## The protector of life

is a man. Larger
than building spires. Larger
than children wheeling bicycles,
children sprawling open with books
on the mud floor, larger than all
the scarves wrapped
around our breasts. The protector of life
is a man, and I
am not surprised. Neither are you.
I assure you. God
was a man too. This is what we
were given, you and I, Eves weeded out
of the garden of life. There was never a place
for the tang of apple, the hard
peel hitting against teeth
and the splashing of syrup
on breast. Eve had no bras
to strap her back. Now
they make them in garden colors,
lace and kitchen-ware and prints of magnolia.
Flowers blossom on breasts hidden
under layers. Protection was never made
for lifting our necks. And when we did,
curling our backs like stems
about to snap, there he was,
the protector, ready with metal
burning on his fingers.
When we pray on our knees
we do not pray to his mother.

## The most beautiful part of every picture is the frame

When I think of limitations
I think of my father.

The table he got for me. Wood,
all shiny and new,
wood, all made by hand—
not his, but the *badhai*

who made the best tables in the world.

My father never went to buy groceries,
but he went to watch the *badhai*
making my table.

He sat on a stool and leaned
into writing pose, then
into reading pose.

He opened a newspaper
to see if the gap
was perfect enough,
to see if it was just right
for his girl, for her small

body to lean across
and reach
into the sea of vastness—mathematics, always
mathematics.

Then he went to the stationer
and found a notebook
with ruled paper. More limits
for sums that must go
line by line, *'is it not?*
*Yes,*
*they go*
*like that*

*and when you carry over*
*a 9,*
*it floats*
*mid-way*
*between*
*two lines.'*

## Snails

My first blood was brown like poop
gone wrong. I didn't understand my bum
and why the poop kept falling out.

I took to eating more rice. Still the goopey
brown. Flecks some days, then a snail.
Enormous. I'd come home and bend over the sink,

scrubbing with a brush. The white bristles
turning to mud. For four days I took extra bloomers
in my school bag, didn't breathe much

on the bus back, gripped the seat
when we crossed over speed bumps.
On the fifth day, I showed two snails to Mum.

She stuck in a little white pad,
gave me a stack of old newspaper, and said,
*don't drop them in the toilet.* Then she opened

the *Illustrated Human Body*
and with her right index finger, she traced
what I didn't think could exist inside me.

## Clockwork

I'm talking about people who popple and fall
and sneak up sneakily up your throat,
then bicker and backer while hacking at your jaws,
then sift and shift
down your throat pipe into your diaphragm, down & down
into your belly, its mouth, before beginning a clockwork,
clicking & clicking in between your thoughts, I'm
talking about the handywork of clocks,
the clanging and banging
and clacking of thoughts, hours and hours between each tick,
slinking and sinking between each tock, I'm talking about
how endless, how endless
this clock.

## The vegetarian

Already I remember the good and the bad. Your smile
at all the right things. The smell of appam flying
towards us. The waiter setting it down between us. *Clang*. You ask

for a bottle of coke. I ask for two glasses of water and one more
spoon. Behind us, tables of families are digging with their whole hands
smeared orange. I am the only woman
wearing pants. *You'll have the chicken,*

*right? You'll love it*. I'm thinking of the vegetable stew because it is
coconutty. I'm thinking if I remember I'm vegetarian, and I do remember
you have no money. *Sure, I'll share the curry*. You're wearing your black

sweater, hair spread in clumps against your forehead. I take my fingers
and sweep them back. You're looking
at the menu you love so much. I am
bursting with scenes I need to put on the table, *listen, remember Rahul?*

*Yesterday he had a whole pizza. Listen, I think I want to leave this job,*
*it's become so boring; my brain is falling. Listen,*
Chait is coming home tomorrow.
I'm so happy, maybe I'll bring him here,

*he likes chicken. Listen, I feel exhausted*. But I don't say anything
because it's your turn. Because you have shushed my words. *Shhh,*
*everyone is staring at us*. Because you have erased my fingers

reaching for yours. Because what I want to share
is not chicken. So I pull back into my mouth,
ball into one large ball, and swallow.

## Five stages

Is it odd to extend responsibility
for my body? To say these eyes
were ok before you came
and when you turned me on
the water broke. To say my body isn't really
mine, it is an amalgamation
of all the bodies that have ever touched,
entered, stroked. Is it odd
to say my lip is curling, snot is forming globules
and my head is stiff
from you entering in and out of it?
(I hadn't known it was possible. And if I had,
would I have allowed it?) Consider how malleable
to be so affected. You called me sensitive.
But I think this smashing of bones,
this routinic tumbling down five stages
of grief, then cycling back
to stage one, is manic, and my doctor
hasn't found me a name for it.
The problem
is I don't know the practice of stopping
when breath becomes so sharp
you can hear it chipping at your alveoli
as it filters in. This breath
that has no you in it. When we would lie
next to each other, our mouths
facing into, then it was in the air I suppose, the warning,
the heating up of noses, that this wasn't really
my body, that I was prone to surrendering.

## Whole moons

When you take a piece
                    of the whole
it is still
          whole.

The piece still whole
          and the whole
               still whole.

And if you give this whole
to someone

it is still whole.

     The very first whole
is still whole.
          God

is the first whole.
          And maybe love
is part of it

and maybe so are your knees,

your crooked, swollen-
under-the-bone knees

and maybe whole
        is who I feel

when the backs of your knees
flatten, then leave
                two shiny pools
        running
on my skin.

## Musculature

You have left again.
Taking care of myself is all that I am left with.
You always leave. I use expletives
like always and never and I know
they don't make sense and they irritate you so much. I am here
paralyzed by fixing you into an asshole
and loving you simultaneously. And I know
the heart is a muscle, but how many times is it breaking?
Ask me what I am, and I will tell you I am some sort of
surrender. Some sort of fist opening into palm
and thrusting. Is this the muscular version
of breaking? This stretching outward into the shape
of your body and then when you leave,
this giant hollow-shaped you that is
left. Like slept-in jeans and the body inside
evaporated. I want to take care of myself. Only. Remember this,
muscles are sinuous and tenuous
and can take the shape of my body. I lit the eight
tealights in our balcony, rosewood and cedarwood,
did you never love me? I looked out at them and the smoggy
cold scent of cracker fumed into my nose and you were there
in the mist, mooning tall and large. But I had to hold
around my chest, breathing smaller and smaller
into my arms.

## Because it is hot

we chug our beer in the auto
on our way to your one room
apartment. You lift my body back,
press me into the door. My tongue
is sour, sweat lines my neck,
drips into my breast.
You exhale, char
off my jeans, singe
my kurta off, you want this.
Your fingers twang
my panty, teeth
grow out of my neck.
You want to rub my clit. Higher,
higher, I whisper, but it's too high,
not low enough, no, you want this.
My neck twists into a C,
head fixes on the door. Behind
your shoulder, I watch
your empty bed, watch
my body walk across, watch
my body seep into the mattress. In front
of your shoulder, I stand
hooked to the door. Your palms
grip my shoulder, flip
me over, you want this, bend
me forward, *thump*
                                        thump
                                                            *thump* my forehead
hits the door.

## Love the feeling is nothing without Love the doing-word

Because I had never seen palm trees
growing wild in the north,
because they spurted so tall

in your grandmother's city,
I thought we too could grow
in unlikely places.

You said the scars will fade
but on my knee there is a star
brown from twenty years ago and it shows

no signs of leaving. Is it funny
that I saw nothing of the city
except the Heart Hospital? It's blinking red

opposite my hotel window.
That they assigned me twin beds,
each with its own duvet.

That I'll never again say
my boyfriend is Bihari. That a few steps from here
is your grandfather's library

where I thought you will take me some day.
Yes, I imagined it. Floor to ceiling
black wood shelves lined with red spines,

dust under our feet, your fingers finding
book after book after book. Because I asked you
to stop hurting me when I didn't know how

to stop hurting myself. Because I hated it
when anyone sat across from me at dinner
and said, he is not a good guy. I could not

agree. Not even when I punched
your cheek.

## Apparitions

Outside the door that changes nameplates
just before my appointment—the last one
for the day at 5:36 p.m.—it now says Plastic Surgeon.

Before this, I didn't know that love
could ferry my bones to hospitals.
Across the door is the Minor Operating Theatre

where other bones are ferried but on real stretchers,
wounds cradled in browning blankets. I am still
calling it love even after I told you, 'I know

what love feels like. My brother loves me.
My mother loves me.' and I am still watching you
drag this stretcher, now long after

you have left. Just like I would see Dadaji after he died,
leaning on his side of the bed, forward and backward
with prayer beads in hand. After I howled

through four nights, Dadi lay me down and covered me
in Dadaji's blanket. '*Ab se akele mat sona.*' I think
that's when she too stopped seeing him.

## The girl with a rod

You are sitting in our school bus
on the bench with the other boys.
I am wearing my cage
under the blue uniform.
Plastic girdle holding
pelvis and stomach.
Your sweater is off,
mine is still on.
I have wrapped a blue scarf
on the iron around my neck.
I am smelling of sweat. Chin itchy
from resting on it. You are watching
my neck face forward. You ask
if I have a rod
in my back. The other boys laugh.
*Main bas pooch raha hoon,*
*bura mat maan na*, you say.
You are holding my eyes. I am
not ready for this.
I cross my arms on a rod.
*Nahin,*
*there is nothing*
*inside my back.*
I lean on the seat
and the iron
goes *creak*,
then crack.

## What your doctor will not tell you:

On the days your intercostal muscles are tired from holding up,
choose a semi-soft pillow and throw them.
Hard-back chairs will hurt no matter what.
Arches will come easily to you—a curved spine knows how to bend.
You will develop an affinity to mountains.
Rest will mean those nights when your left rib and right rib
are touching the bed in one line.
Do not listen to 'Sexy Back'.
Road trips will mean calcification.
There is no right bra size.
There will be men (and women) who will trail your vertebrae.
You will accumulate an assortment of pillows.
Bones are not love-handles.
On Sunday afternoons, you will want a right-rib-hump massage—
find someone with large palms.
Do not listen to 'Sexy Back'.

## What your doctor will tell you:

Forty-five degrees to the right. Thoraco-lumbar.
Cut open. Iron rod. Stitch. Small
Surgery. Milwaukee. *Kuch nahin hota hai.* Insert. Spine
Still growing. MRI. Pregnancy. Girls grow till seventeen.
Iron. Curved. Rod. *Sharma ji hain, vo* fitting *kar denge.*
No known cause. Stop tennis classes.
In eight years when she's twenty. Brace. No
Known cause. Twenty-two hours. *Lacheeli.*
Push ribs in place. *Phir vo* slouch *nahin karegi.*
L6-L7. Bent-back X-ray. Idiopathic. S shape. Take off your shirt.
Are you wearing a baniyaan? All normal activities. Surgery.
*Bohot ladkiyan aati hain. Aap se bhi chhoti-chhoti.*

## What your doctor will tell you

## Plunge

The year I decided
I no longer wanted men,

my body also decided
that it did. I could not rub poems

against my clit. The words melted
like dead ant heads. Their toes

curling to the floor. My belly
grew softer and the button

hung convex. I plucked wild
Syngonium from the park's sidewalk.

Digging the hardened mud
with a *karchchi*. Trying to locate the roots

whole. In return, the knobbly
mouths threw up sand

that clung like diamonds
to my clavicle bone, shimmering

with sweat. When I plunged them
through the mouth of a beer

bottle, the roots
contracted into each other

to slide through its neck
before bursting forth—boom

into the vastness
of its belly. For a second, I thought they

believed
they were going to open

into air.

## Up

I am standing behind a white curtain,
pressing the rewind button,
humming to 'Up' by Shania Twain. I hide

because this is my father's cassette
and I am only ten. Shania's body meets somebody's
tongue. She asks me to go Up.

I sing along to Shania, (*it only hurts*
*when I'm breathing*) slow-dance
with my arms behind the curtain, (*my heart*

*only breaks when it's beating*)
I am ten, but I am full,
overflowing with the limbs of loving.

## Big

I am ten. I stand
under the shade of the tallest tree
at the centre of our garden.

My brother does cartwheels.
I try to, but
I am big.

I rolly-polly down the hill—
fold my knees into fetus position,
loosen my neck and push

my weight forward. I tumble
sky grass sky grass sky grass
*thump*, tree trunk.

Between every roll
I pull down layers
of shirt and sweater

*sky grass pull sky grass pull*
I cannot bear my flesh.
Who taught me this?

## Enter a garden in new delhi

at 1 p.m.
all around you there are
men

spread
men spread out
spread all around

legsflopping backssprawling
handsscratching bodiesrelaxing

men spread
in circles and triangles
rose beds and grass rectangles

enter your body
here in this garden
of men
spread

## Sometimes we are not people

we are acid rain, corroding whoever stands under our frame.
Umbrellas are no use when we blow against the wind.
Sometimes we are not people,
we enchantress, we murderess, we death. We curse at Brahma.
At whoever crosses the Lakshman Rekha.
We hold our hair above their thigh and smack. Sometimes
we are not kind, we are seething like a falling star hot
with gravity. We burn holes in mountains.
Sometimes we are not
Mother Teresa, we are Kali drunk on champagne,
tearing our lungs and your ear drums. Most of the time
we are not forgiving,
(we take up swords sharp as our needles)
most of the time we have no reason.

## 'You need a strong man'

I need a soft man like ice cream chocolate brown melting in my mouth a soft man who knows to breathe into my ears and tug at the lobes a soft man curled into a comma against my back a soft man wiping water down his eye a soft man flopping on the divan after a long meeting at work a soft man breaking into words like lovely like I love you like I need you a soft man belly pressing under palm warm belly warm curls of black hair soft man folding shawarma halfway then bottomway a soft man with fingers wrapping into mine like softly falling cotton.

## I will constantly choose my blood

I will grip down my mattress, go
into labour with myself. I will
give birth to men, give birth
to women. I will leak fast, leak slow,
leak to the beat of my umbo. I will eject
a river down my thigh. I will
splatter maroon on the walls. I will live
before he enters and after
he pulls out. I will shed
in a mortar-pestle and grind,
plug the paste on my *maang*. I will
constantly choose my blood.

## Silent night

B and I at the Chocolateria,
dunking our anxieties, churro-shaped,
into a pot of hot chocolate. Outside,

the fog settling in wet droplets
on the backs of cars. Inside, Christmas Carols
playing on a loop. B and I know all the words

from school. Mrs Kumar, first name Frances,
would squat on the floor with a xylophone.
We would take our mango seeds, dried

into tiny drums, and tap-tap-tap-tap,
beat them with pencils.
She would sit behind her piano

in a neat stool. Her arms plugging
the music, rising with *Sii-iii-*
*lent night*, then softening

into *Shhhhephards quake,*
*at the sight*. Since then,
I never really came

through a door, singing,
and laughing. Laughing and singing.
Instead, my father had me flatten

onto a study table. 'Laugh softly'
he would say, softly,
like a cotton flower,

plucked by a wind, softly,
like a fresh bud, unopen. 'No petals',
he would say. Stop showing me

your petals. All that red,
all that expanse. How dare you
open and take

those lung-fulls of air?
B had a father too.
He had a thick mustache

and those shearing scissors
he used to snip
all the mouths of buds. B and I learnt

that silence lived
outside of Christmas
nights. We perfected the words,

*holy infant so tender*
*and mild*. We rubbed mango seeds
between our palms,

knew the absence
of drumming, knew even that.

## We keep going to SDA because it is half way

*(For B)*

Occasionally you say, *come home, it's been too long.*
Occasionally I say, *let's do a sleepover.*

You show me the only way to line eyes with kajal.

*I never wash it off before sleeping,*
you close your eyelids around the black tip
and swipe your finger *rightleftrightleft.*

I spend five minutes lining my top lid.
Then I sleep. While you and the other girls chat.
I sleep like a dead body. You are terrified.
You pull the white sheet off my chin, laughing.

I do not sleep like that next to men.

## Learning to leave men

This is my dream and I will leave
any man who cannot hold it. It started
with father. I left one morning,

folding my books into cardboard cartons.
The men he called to lift, brought a truck larger
than I had space to fill. He walked

barefoot among the closing
of my room, his face pink and my body
a serpent. I shed some of his skin

and left it among my old
Syngonium. I never came back
to take them. In the new balcony, I found hoopoes

and six trees, guarding my entry
into a new world. B helped unpack
the books. We dusted each one,

lining the shelf with paper, mixing pink,
fluorescent orange, and green, lodged
each book, straight-spined, poetry with poetry,

fiction all random. I left my childhood
books behind, their stories still webbing
my father's walls.

## Perennial

It's the white paper notices stuck in the handle of our main-door
(another two old people are gone), that remind me they had mornings

sitting on green iron benches, fingers to their noses,
pressing the right hole first and breathing from the left,

then the other way round, they filtered air.
It's always a group of Dadajis, ha-ha-ha-ha, palms thrown skyward,

or Dadis who bring yoga mats, blue purple green
and lay them on the grass: one behind the other beside the other.

They stretch in kurta-pajama and sneakers. It's 6 a.m.
and I've just tumbled out of bed. The yoga instructor is a young man,

with his hair slicked-back. He walks barefoot between the mats.
I think even the trees in this park are old. They have barks

the thickness of ten Dadis hugging each other.
From my balcony I see them moving. Some are brisk-

walking like cars circling a round-about. I like to think they are happy
in this small park holding their bodies. They ask me,

*remember leaves and petals?* Open their palms. Every
house has clippings
of money plant and succulents: aloe vera pots with octopus
tendrils. Here I am

the slow upward glide of necks
in the morning, into it I shed like the thaw of belonging.

## First thunderstorm

My heart is thudding as I pull out of the taxi,
tap the stairs, laughing

at the suddenness, the thrill
of being locked, outside, hitting
key to the door, jingling as my hair blows

cold and wet. My toes are drenched. I enter.
Sit in a corner scooping smaller and smaller

portions of blueberry cheesecake. The ficus
is knocked off the ledge. The succulents are weeping.
Outside and my heart is thudding

for them. I pull behind the walls,
huddle into corners, drag the orange pots.
Cold and wet. My heart is thudding somebody

to press against. I let the ants in. The little moths
with speckled wings. They too are curling like this.

## ACKNOWLEDGEMENTS

I am very grateful to Arundhathi Subramaniam and the jury for selecting my manuscript as the beneficiary of the Khiwani Bequest.

I acknowledge the following literary magazines for publishing previous versions of poems from this manuscript—*The Bangalore Review*, *The Bombay Literary Magazine*, *The Punch Magazine*, and *Bengaluru Review*.

This book wouldn't have been possible without the relentless love and encouragement of the following people—Mom, Papa, Chaitanya, Mausi, Nani, Dadi, Nana, Dada, Bishnupriya, Neymat, Kandala, Sudha, Aditi, my main writing group (Kamal, Neha, Shalini, Vasudha, Abhay), Urvashi, Chandrahas, Tara, my Goa Bound writers' group, Anmol, Safeya, Prabhat, Simi, Shikha, Manmeet, Manika and Vishruta. I couldn't have done any of it without you.

I am grateful for the brilliant team at Speaking Tiger for making this book come together.